Os Sete Mestres

Suas Origens e Criações

Maria Silvia P. Orlovas

Os Sete Mestres

Suas Origens e Criações

MADRAS®

© 2019, Madras Editora Ltda.

Editor:
Wagner Veneziani Costa

Produção e Capa:
Equipe Técnica Madras

Revisão:
Elaine Garcia
Rita Sorrocha

Dados Internacionais de Catalogação na Publicação (CIP)
(Câmara Brasileira do Livro, SP, Brasil)

Orlovas, Maria Silvia Pacini
Os sete mestres/Maria Silvia P. Orlovas. – São Paulo: Madras, 2019.
11 ed.
ISBN 978-85-370-0252-0

1. Grande Fraternidade Branca 2. Mestres Ascensos 3. Ocultismo 4. Sete Raios (Ocultismo) I. Título.
07-5140 CDD-299.93

Índices para catálogo sistemático:
1. Mestres Ascensos: Grande Fraternidade Branca: Religiões de natureza universal 299.93

Proibida a reprodução total ou parcial desta obra, de qualquer forma ou por qualquer meio eletrônico, mecânico, inclusive por meio de processos xerográficos, incluindo ainda o uso da internet, sem a permissão expressa da Madras Editora, na pessoa de seu editor (Lei nº 9.610, de 19/2/1998).

Todos os direitos desta edição reservados pela

MADRAS EDITORA LTDA.
Rua Paulo Gonçalves, 88 – Santana
CEP: 02403-020 – São Paulo/SP
Caixa Postal: 12183 – CEP: 02013-970
Tel.: (11) 2281-5555 – Fax: (11) 2959-3090
www.madras.com.br

Índice

Apresentação 9
   Ser um Canal... Minha experiência pessoal 9

CAPÍTULO 1
Ascensão – O Caminho Natural de Volta ao Lar 21

CAPÍTULO 2
Fraternidade Branca – O Governo Oculto 29

CAPÍTULO 3
A Luz que Criou os Mundos – A Origem dos Sete Raios 37

CAPÍTULO 4
Elohins – Plano Mental Superior 43

CAPÍTULO 5
Anjos – Plano dos Sentimentos 49

CAPÍTULO 6
Homens – Plano Físico 59

Capítulo 7
A Presença do "Eu Sou" – O Divino em Nós 67

Capítulo 8
O Poder das Chamas – A Luz dos Sete Raios 81

Capítulo 9
A Vida de El Morya 89
A Chama Azul – Primeiro Raio – O Despertar da Fé 93

Capítulo 10
A Vida de Mestre Kuthumi 105
A Chama Amarela – Segundo Raio – Alegria do Saber 109
    A Vida de Mestre Lanto 113
    A Vida de Mestre Buda 121

Capítulo 11
A Vida de Mestra Rowena 125
A Chama Rosa – Terceiro Raio – Despertar o Amor 129
    A Vida de Mestre Paulo Veneziano 135

Capítulo 12
A Vida de Mestre Seraphis Bey 141
A Chama Branca – Quarto Raio – A Chama da Ascensão 143

Capítulo 13
A Vida de Mestre Hilarion 151
A Chama Verde – Quinto Raio – A Cura Pela Verdade 157

Capítulo 14
A Vida de Mestra Nada 165
A Chama Rubi – Sexto Raio – O Divino em Nós 169
    A Vida de Mãe Maria 175

Capítulo 15

A Vida de Mestre Saint Germain 179
A Chama Violeta – Sétimo Raio
  – O Poder da Transformação 181

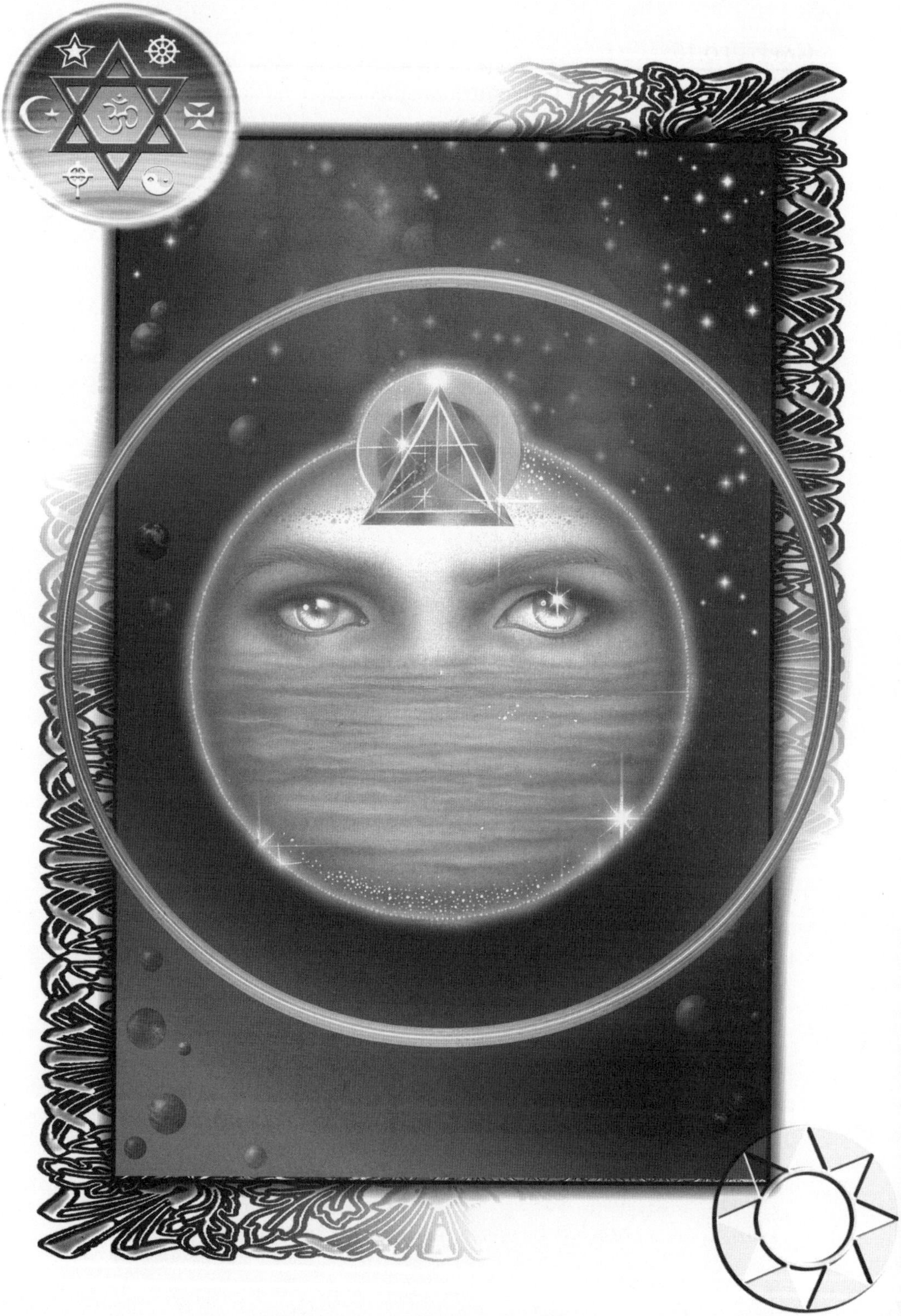

Apresentação

Ser um Canal... Minha experiência pessoal

"Eu nasci em bom berço.
Era filha da classe privilegiada e só conhecia a fartura e a abundância; no entanto, tudo isso não foi suficiente para trazer colorido à minha existência.
Tudo o que me cercou naquela vida não foi além de um esboço inacabado de mim mesma.
Ainda muito criança, padeci com uma febre muito alta, consequência de uma estranha doença, que deixou para sempre sequelas. Lembranças amargas que se transformaram no meu presente e futuro.
As portas da vida foram lacradas pelas altas temperaturas, que me tiraram a sanidade, o controle do meu corpo e da minha vontade.
O berço nobre transformou-se então numa triste gaiola, feita para abrigar um ser inerte.
Perdi totalmente o controle de mim, mas, a despeito disso, uma parte de minha mente continuou funcionando, parcialmente, é claro, mas o suficiente para me fazer consciente de minhas impossibilidades.
Ficar presa numa cama mostrou-me o quanto é desejável viver. Mesmo que para ter alguma espécie de sofrimento, melhor mesmo será viver, melhor mesmo será deixar rastros pela vida, como sulcos impressos por alguém que deixa pegadas.

Nesse período, eu não vivi, nem deixei pegadas.

Aprisionada à cama, não escrevi histórias e não ouvi ninguém contá-las, pois as pessoas se esqueciam de que eu não era apenas aquela doença.

Todos os dias eu era limpa e alimentada, quase como num ritual.

Conheci as piores amarguras da solidão, e não posso dizer que as enfrentei, posso dizer apenas que passei por elas. Da mesma forma que passam os ventos, sem deixar vestígios, sem deixar vincos.

Os únicos vincos que conheci foram as dobras dos lençóis sobre os quais meu corpo era estendido, como um peso morto.

Diante de tanta ausência, eu sofri, já que não tinha ninguém, nem sequer eu mesma; era absolutamente só. Em meio a toda essa dor, apenas uma pessoa se destacava no triste cenário em que se transformou minha vida.

Ele não era meu pai, mas de suas mãos, fortes e suaves ao mesmo tempo, recebi o mais amado carinho. Não sei precisar com que frequência, mas sempre vinha a meu quarto, e não me olhava como se olha algo que causa dor e desgosto. Não havia nos olhos dele a repulsa que eu causava nas outras pessoas. Depois de um tempo, passei a chamá-lo mentalmente de Conde, e senti que ele atendia. O Conde olhava-me como o ser humano que, em alguma parte de mim, não deixei de ser.

Com a sua presença, meu coração sentia-se preenchido. Havia, nos momentos em que ele se aproximava, uma luz suave tomando conta de tudo, e naqueles instantes minha mente, confusa e perdida do seu próprio eixo, encontrava a sintonia que as pessoas não percebem que têm.

Quando o Conde estava perto, eu me tornava um ser humano são, sentia que uma espécie de onda tomava conta do meu ser, meus olhos podiam ver e minha mente entender o que se passava a minha volta.

A única sensação que ele me passava era amor e compaixão...

Percebi com o tempo que quando eu o chamava, quando conseguia me conectar com ele, recebia resposta. Em minha mente ele aparecia mais forte ainda do que pessoalmente.

Passei a travar um longo diálogo mental com ele, pedia conselhos e o ouvia responder-me com brincadeiras que arrancavam sorrisos.

Hoje sei que sorrir sobre nossas diferenças é um atributo daqueles que têm uma maior compreensão da vida e de seus desafios.

Hoje entendo o bom humor como um aprimoramento espiritual...

Assim, vivi a minha infância sem poder expressar minha natureza, e sem interagir com os que estavam ao meu redor.

Vi meus muitos brinquedos permanecerem como novos, empoeirados pela ação do tempo, mas intactos. Eu fui uma criança que não brincou, nem sequer teve a chance de chorar ou de sorrir pelas contingências da vida. Salvo os momentos em que estava em contato com o Mestre, eu não sabia chorar, e também não sabia sorrir.

Salvo esses momentos, estive absolutamente só num mundo que a impotência de minha vida na Terra criou à minha volta.

Não houve momentos coloridos ou desalinhados, apenas aquele triste esboço do que eu seria se acaso o meu quadro tivesse sido terminado.

Mas, como não havia com o que lutar, eu me rendi e, de certa forma, me acostumei com a impotência que tomou conta de minha vida.

Perdi completamente a noção do tempo; não havia dia, nem noite, tudo era absolutamente igual, como igual era o meu estado de espírito. A única pequena nuança de cor em minha vida acontecia quando o Conde se aproximava, e aí eu percebia que havia muito mais a ser observado...

Havia no meu quarto uma enorme lareira e, quando fazia frio, os empregados a acendiam. Este movimento chamava minha atenção, pois era bastante aprazível observar a dança das chamas, algo se movimentando no meio do nada da minha vida. De certa forma, era a vida chegando até mim; uma expressão dela que não me exigia interação.

Eu, observando o fogo, era livre para apenas receber e não interagir... Assim como não interagia em muitas outras partes da vida.

Numa noite, no meio do silêncio do meu quarto, acordei sentindo um terrível calor e percebi que estava cercada pelo fogo, que já rugia alto, consumindo tudo à minha volta. As paredes eram recobertas de tecido, que queimava rapidamente. Havia uma profusão de luz e calor ao meu redor.

Comecei a sentir-me sufocada pela fumaça e imediatamente tentei entrar em contato telepático com o Conde, como costumava fazer, e, para meu espanto, ele não me respondeu, e também não correu em meu socorro.

A dança das chamas esta vez trouxe a morte.

A minha morte.
Sabia que aquele caos não poderia ser evitado e, em meio às chamas, morri, cheia de dores, sentindo-me abandonada pelo meu único contato com o mundo.
O Conde era meu único contato com o mundo.
Simplesmente não compreendia como ele pôde me abandonar.
Como ele permitiu que eu morresse, queimada, indefesa, sufocada pelas chamas e pela dor? Como?
Já no mundo espiritual, demorei a despertar da inconsciência, que durante mais de dez anos de vida na Terra tinha sido minha única e fiel companheira.
O Conde passou a ser apenas uma lembrança encoberta pela enfumaçada concepção da vida que aceitei que se tornasse a minha.
Morri duas vezes, porque não senti a morte física como libertação.
Morri porque não quis me libertar das limitações que terminariam na matéria.
Esqueci que podia me libertar.
Deixei que minha alma se confundisse com suas próprias experiências, acreditando que fosse o espírito feito de limitações.
Na verdade não há limitações...
Existem experiências..."

Contato com Saint Germain.

Há muitos anos vinha praticando os ensinamentos dos Mestres Ascensionados e sempre desejei um contato mais íntimo com eles, já que me mantinha apenas fazendo as preces diárias, sem exatamente deter-me ao seu profundo significado.

Em 19 de março de 1999, subitamente, adoeci. Pensei que teria uma forte gripe, com febre e dores generalizadas pelo corpo. Nessa noite, tive muita dificuldade em adormecer e, repentinamente, Saint Germain apareceu no meu quarto, falando da necessidade de colocar-me como um Canal, a serviço da Fraternidade Branca. Conforme suas palavras, não era mais permitido negar-me a trabalhar a seu serviço.

Fiquei muito perturbada.

Afinal, quando eu tinha me negado?

Não entendia o que ele queria dizer com negação...

Devo dizer que, apesar da imensa energia e amor irradiada por eles, que já há algum tempo assinavam mensagens recebidas por meio do meu trabalho de aconselhamento individual em Terapia de Vidas Passadas, não ousava dar passagem a orientações que envolvessem outras pessoas. Sentia-me insegura, afinal, quem me autorizava?

Quando Saint Germain apareceu, uma série de fatos se esclareceram. Finalmente estava recebendo a autorização para usar seu nome, ainda que não compreendesse muito bem o que queria dizer a manifestação da sua força pela Chama Violeta.

> *Compreendi, finalmente, o meu encanto pelo Trabalho com Vidas Passadas. Nesta visão, ele me explicou inclusive que a Chama Violeta age na libertação com a limpeza dos registros das dores sofridas em outras encarnações, curando assim a alma que deseja se transformar e se libertar.*

Tudo agora fazia mais sentido e situações que vivi desde minha infância se encaixaram como um quebra-cabeça que finalmente estava sendo concluído.

Em minha mente, apesar desse primeiro contato pessoal com Saint Germain, sobravam muitas indagações.

O que ele representava em minha vida?

Sabia que Saint Germain era um mestre muito poderoso, mas, de forma consciente, nunca tive a intenção de canalizar suas mensagens. Por que então estava sendo chamada para esta tarefa?

Por que eu?

Para dizer a verdade, sabia bem pouco sobre a Fraternidade Branca; apenas aquilo que se lê nos livros.

Sabia, mas não sentia...

E já havia aprendido que de nada adianta saber sem sentir...

Com estas muitas indagações, passei um dia que me pareceu interminável, contei o ocorrido para algumas pessoas amigas e procurei repousar, tentando ainda restabelecer-me da "gripe"...

Na noite daquele dia, ardendo em febre, com um terrível mal-estar generalizado pelo corpo, deitei-me e novamente fui visitada pelo Mestre, que me mostrou a vida passada em que vivi junto dele e que transcrevi anteriormente.

Quando a perplexidade daquela triste experiência de minha vida passada veio ao meu nível consciente, compreendi melhor muitas coisas que aconteciam comigo, principalmente as amarras que sentia em relação à coragem de viver a minha história. Acho que, na verdade, tinha medo da vida.

Logo ele se manifestava na mesma madrugada, enviando outra mensagem.

"Você me pertence. Sempre estive a seu lado. Nunca a abandonei. Um pai não abandona seus filhos.

Quando chegou o momento de você experimentar a dor e a limitação, criei todo um cenário para que nada fosse vivido em excesso.

Sua alma desejou redimir-se do carma, mas não era preciso aniquilar-se. Você escolheu que assim fosse.

Estive ao seu lado e, mesmo na hora da morte do seu corpo físico, estive com você. Apenas nada fiz para impedir que a morte tomasse conta do seu corpo inerte, pois era o momento da sua libertação da matéria.

Não houve erro. Não houve abandono. Não houve sacrifício desnecessário.

Você, na Roma antiga, abusou da vida. Abusou do poder. Abusou das pessoas. Não soube enxergar quem estava à sua volta. Não soube ser solidária com os que precisavam de você e com aqueles que poderia ter ajudado, e não o fez.

Você quis redimir-se desse Karma e eu, Saint Germain, pessoalmente interferi, colocando você perto de mim, para que sua dor fosse menor. Ainda assim você se enganou com a matéria e acreditou que estivesse solitária.

Acredite, filha querida, não existe solidão, e não existe abandono.

Estou a seu lado, e é hora de começar o seu trabalho comigo.

Não há o que temer.

Não há limitações.

Faremos o que for necessário para que a minha obra seja colocada em prática no mundo material.

Cercarei você de pessoas que a ajudarão a oficiar o meu trabalho.

Fique tranquila, está tudo sob meu controle, sob minha orientação e serviço.

Faço com que a ordem divina seja cumprida.

Organize o espaço à sua volta.

A minha vontade é lei.

A serviço do Altíssimo, afirmo: O tempo urge; é preciso começar agora."

Saint Germain

Desde então tenho seguido as orientações de Saint Germain. E, como ele disse, tudo tem acontecido com extrema facilidade.

Apresentação

Pessoas aproximaram-se e voluntariamente estão comigo trabalhando nesta missão, que é conscientizar o ser humano do Divino em cada um.

Abrimos um espaço que recebeu o nome Alpha Lux para receber as pessoas que desejam ser orientadas pelos mestres da Fraternidade Branca, que, para nossa alegria, dia após dia tem direcionado nossas reuniões.

Foram criados grupos de oração, canalização e cura.

Os trabalhos individuais continuam acontecendo e dão a sustentação necessária aos muitos trabalhos gratuitos que Saint Germain nos instrui a fazer.

Fico imensamente feliz em estar servindo ao meu amoroso pai espiritual e desejo que muitos outros se juntem à nossa imensa família cósmica, que agora está se reunindo.

Tenho aprendido muito com os Mestres e desejo repartir isto com você.

Apesar de saber que a cura acontece de dentro para fora, torna-se realidade pela conscientização das nossas dificuldades e de uma posterior mudança significativa das atitudes que temos frente à vida; acredito que juntos sempre estaremos melhor.

Neste livro procuro colocar, numa linguagem simplificada, os poderosos ensinamentos que tenho recebido diretamente da Fraternidade Branca, e chamo você para que venha nos conhecer.

Neste vasto universo que envolve a paranormalidade, tem-se usado muitos nomes para denominar os contatos com seres espirituais.

Desde os tempos mais antigos, diz-se que a pessoa que se comunica com o mundo do espírito é, de alguma forma, mais sensível que as outras, e dentro do espiritismo ela recebeu o nome de médium. Recentemente, novos termos foram sendo agregados a essa nomenclatura; e de médium essa pessoa com dons especiais passou a ser chamada sensitiva.

Atualmente, surgiu o termo "canal", para denominar essa mesma capacidade de comunicação com os mundos invisíveis. Talvez seja mesmo mais adequado, pois coloca esta capacidade de penetrar os mundos sutis como mais uma possibilidade humana, deixando de lado a visão do fenômeno apenas pelo fenômeno, desvinculando essa capacidade inerente a algumas pessoas e tornando-a livre de conceitos religiosos.

Tenho ouvido muita gente afirmar que todos somos canais... E quando ouço este tipo de colocação sempre me pergunto: canal do quê?

Comigo, o desenvolvimento dessa capacidade de comunicação com os mundos ocultos processou-se ao longo de toda a vida, e posso afirmar, sem sombra de dúvidas, que isso a princípio me trouxe mais confusão do que alegrias. Até esta condição natural se desenvolver, passei por experiências bastante difíceis. Não sei dizer quantas vezes fui perturbada por energias estranhas, que passam totalmente despercebidas para as pessoas à minha volta.

Não quero dizer que foi somente sofrimento o que me acompanhou, mas, até sutilizar minha energia, na maior parte do tempo fui muito perturbada pelo que não conhecia. Hoje, em paz com a minha capacidade de penetrar nos mundos sutis, sinto-me feliz e útil, pois posso inclusive ajudar as pessoas que estão como eu, buscando o caminho do autoconhecimento e da autocura.

Portanto, meu amigo leitor, trabalhar como "canal" é uma tarefa que requer um tempo considerável de preparo para receber finalmente as orientações dos mestres de luz. Antes disso, é preciso manter-se como o mestre Jesus disse em suas sábias palavras no eterno: "Orai e vigiai".

É preciso nesse processo de canalização saber separar o joio do trigo.

Manter-se em silêncio, pois isso ajuda muito.

Silenciar os milhares de pensamentos, que advêm como ondas em nossas mentes, é para qualquer pessoa um grande desafio; imagine então para um paranormal, que muitas vezes não sabe diferenciar o que é um pensamento seu de uma intuição. A melhor solução que encontrei, para solucionar esta questão, foi, sem dúvida nenhuma, a prática habitual da meditação.

Como os mestres ensinam, é preciso silenciar para poder ouvir.

Ainda procurando me resguardar de energias estranhas, no silêncio, perguntei-me a origem de tantas mensagens que recebia. Pensava se seria capaz de "inventar" tantas histórias diferentes.

As pessoas simplificam muito as coisas quando dizem que o fenômeno chamado canalização nada mais é que ouvir, sentir e dar passagem aos mundos sutis; para que isto aconteça com uma certa margem de segurança quanto à autenticidade das mensagens, há a necessidade absoluta do silêncio do mundo físico, mental e emocional de quem se oferece a colocar-se como canal, o que quer dizer estar num estado de equilíbrio: equilíbrio emocional, mental e espiritual.

Uma pessoa que esteja atravessando um período de turbulência na vida, ou que de alguma maneira esteja envolvida em algum problema, com certeza será um canal de energias também complicadas como o momento que está enfrentando.

O mundo espiritual costuma ser bem parecido com a realidade manifesta no mundo físico. Para tornar-se um canal confiável, antes de tudo é preciso ter paz.

A canalização é um processo consciente, portanto, o sensitivo é responsável por adentrar nos mundos ocultos e dar passagem às suas impressões. Como em nenhuma circunstância a pessoa perderá a sua consciência, é preciso ter absoluta responsabilidade quanto a tudo o que se passa.

Por experiência própria, sinto que os chakras superiores são acionados para receber as energias luminosas que estão próximas no momento em que os seres de luz se utilizam da mente consciente, o chamado canal para comunicar-se. Sinto que meu plexo cardíaco se expande e, do alto da cabeça, passando pelo terceiro olho, a mensagem desce, até que o aparelho fonador possa ser utilizado.

Em palavras mais simples, num primeiro momento sinto a presença de luz, para em seguida receber em minha mente pensamentos prontos, que apenas verbalizo.

Fui treinada durante anos, com o meu trabalho de canalização de vidas passadas, o que hoje me dá toda a segurança para acreditar fielmente nas mensagens que recebo. No entanto, nunca deixo de prestar atenção ao que está à minha volta.

É bem difícil separar a luz das sombras, principalmente porque não temos a total percepção do que vem a ser luz, para diferenciar completamente da penumbra...

Muitas e muitas vezes desejei que o caminho fosse mais fácil, e em algumas situações me perdi, pedindo comprovações.

Quando comecei a trabalhar nas mensagens que estava recebendo para o meu primeiro livro, *Os Filhos de Órion*, inúmeras vezes pedi por comprovações, para finalmente ceder passagem para esse estranho mundo que nos coloca em sintonia com universos distantes e desconhecidos.

Finalmente comecei também a receber as necessárias comprovações, quando comecei a atender utilizando a Terapia de Vidas Passadas. Naquela época, chegavam até mim pessoas completamente desconhecidas, com as mais variadas questões a serem resolvidas, e assim eu me dispunha a canalizar os sentimentos delas. Num primeiro momento, vinham todas as emoções, permeadas pelo sistema de crenças em que a pessoa foi criada. Inúmeras vezes, fatos que aconteceram na infância dela eram relatados com riqueza de detalhes, e em todos os casos ela se sentia profundamente identificada com a história que era traduzida por meus lábios. Eu me sentia como um contador de histórias, pois as vidas passadas já vinham prontas. Em muitas situações, ficava com a sensação de estar lendo uma página de um livro, um romance escrito para a pessoa que estava sendo tratada por mim.

Para minha maior segurança, sempre, no final de cada trabalho individual, um ser de luz se apresenta indicando alguma forma de tratar o problema em questão, assumindo então a coordenação do processo de cura. As transformações que aconteciam e continuam acontecendo nas vidas dessas pessoas sempre foram tão significativas que felizmente não sobraram mais dúvidas quanto à origem das canalizações que eu estava fazendo. Portanto, para quem antes precisava de comprovações, tornei-me uma prova viva deste fenômeno que cura as impressões da alma.

Ainda neste estágio, acreditei que o meu trabalho estava devidamente alinhavado, pois afinal estava colocando minhas capacidades a serviço do bem, e isto me bastava.

Estava agradecida à Terapia de Vidas Passadas, que sempre me encantou. Devo dizer, inclusive, que foi por intermédio dela que comecei o processo de aprimoramento de minha sensibilidade natural.

Meu encontro com T.V.P. aconteceu em 1987, quando, por meio de uma sensitiva, entrei em contato com uma vida passada minha que retratou um profundo aprisionamento, do qual comecei efetivamente a me libertar quando dei passagem à emoção que estava aprisionada na minha vida presente, a qual me recusava a vivenciar. Quando finalmente tive a coragem de me identificar completamente com essa experiência, encontrei a cura. Compreendi uma série de questões em minha vida e, como num passe de mágica, comecei a ver as vidas passadas de outras pessoas. No começo, o fenômeno era totalmente involuntário, e foi preciso muito treino e disciplina espiritual para domar essa estranha aptidão que despertou em mim.

Sempre senti profunda atração pela filosofia oriental, em especial pelo hinduísmo, e, seguindo essa tendência da minha alma, durante anos pratiquei fielmente meditação, seguindo os luminosos ensinamentos de Sai Baba. Foi o que deu sustentação a tantos apelos espirituais que recebia em forma de mensagens e comunicações com seres de outras dimensões, dos quais não tinha nenhuma referência.

Em especial, quando estava escrevendo meu livro *Os Filhos de Órion*, muitas vezes queria desesperadamente ter comprovações daquilo que estava canalizando e procurava no silêncio do meu quarto as respostas para minhas dúvidas. Foram anos difíceis e enriquecedores os que passei em profunda introspecção... Hoje compreendo a necessidade de nos recolhermos para nos fortalecermos...

Precisava centrar-me, precisava de uma relação luminosa no mundo dos homens, e qual seria essa referência senão o "Bem"?

Pensando assim, viajei ao Oriente. Procurei fora o Deus interior e felizmente fui amparada pela Lei absoluta do amor, que me guiou pelos caminhos da luz.

Sai Baba tornou-se meu guia, e ainda me emociono quando penso na simplicidade com que ele nos chama para o despertar espiritual, dizendo em resposta a muitos que lhe perguntam se ele é Deus:

"Eu sou Deus, mas você também é. A única diferença é que eu sei, e você precisa sabê-lo".

Aprendi que era absolutamente necessário limpar-me de antigos conceitos e preparar-me para amar.

Mas será que amar não é simples?

Será que amar requer algum esforço?

Quanto mais pratiquei a arte de amar, mais compreendi que não amava, pois sentia dificuldade em aceitar o outro, as diferentes opiniões do outro, quando na verdade isso tudo só me mostrava que também não me aceitava.

Hoje estou melhor na arte de amar, pois aprendi que em primeiro lugar é preciso me aceitar...

Aceitar minhas falhas, minhas diferenças e meus nãos...

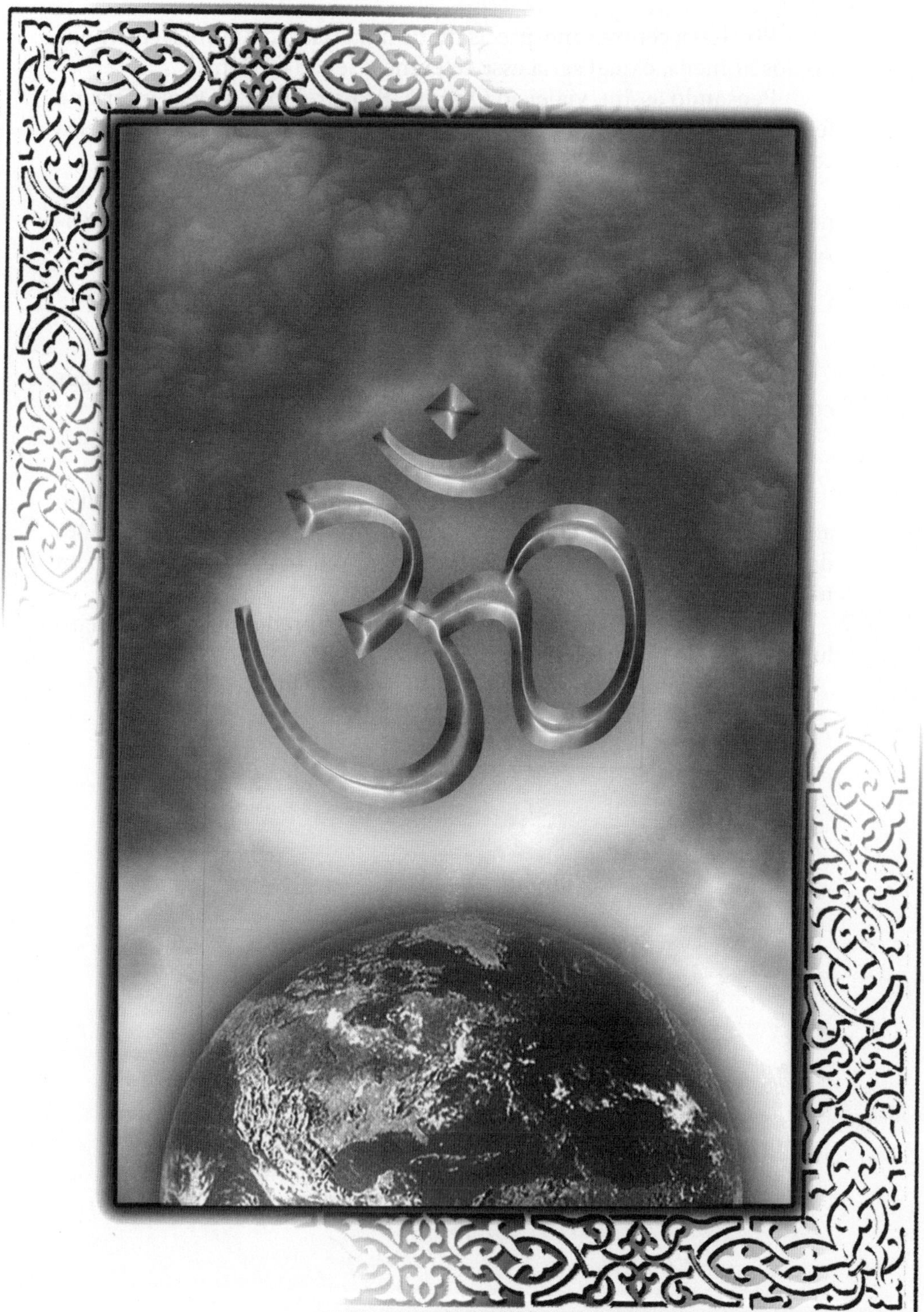

CAPÍTULO 1

Ascensão
O Caminho Natural de Volta ao Lar

"Vocês são filhos das estrelas, não pertencem a este planeta. Devem, sim, amá-lo, respeitá-lo e oferecer o melhor que puderem, mas não são prisioneiros. São astronautas do espírito, viajantes do universo. O processo da ascensão, de se incorporar às naves de luz, é de se incorporar antes à sua própria luz, perfeita e cheia de amor.

Desprendam-se da cobrança, porque aquele que cobra não é capaz de amar. Desprendam-se de qualquer tipo de cobrança. O Pai, a energia superior de luz, lhes dará tudo o que for necessário para sua expressão. A vida é assim, generosa, altruísta e cheia de boas surpresas àqueles que se abrem e têm olhos para ver.

Venho, em nome da Chama Rosa, falar a vocês desse momento tão importante de desprender-se de suas negatividades. Os carmas foram acelerados, e vocês poderão observar as pessoas com diversos tipos de descontentamentos, problemas e raivas. Mas não tenham medo e façam a sua parte. Trabalhem sua luz, sua capacidade de amar. Repitam o nome de Deus e vistam-se de luz."

Mensagem de Mestra Rowena.

Muito se tem falado de ascensão e, como costuma acontecer com a maioria dos assuntos importantes, a força da palavra acaba se perdendo com a falta de consciência daquilo que ela representa.

Antes até de ter conhecimento do termo "ascensão", havia sido instruída para trabalhar com a limpeza do corpo emocional, sem saber que este era o caminho de libertação que a ascensão nos oferece. Os resultados desse trabalho são indiscutíveis, pois a limpeza das nossas emoções em conflito nos libertam de todo o tipo de tristezas, decepções e impossibilidades. E o que vem a ser a ascensão senão este processo de limpeza emocional? Esta decisão de deixar para trás tudo aquilo que nos aprisiona e nos faz infelizes?

Os Mestres têm usado uma linguagem bastante clara para impulsionar este processo de ascensão, diga-se, limpeza.

Trocando em miúdos, a ascensão planetária nada mais é do que uma considerável mudança na vibração do planeta.

E quem muda?

O planeta muda?

A resposta para isso é bastante simples, pois nós mudamos, e consequentemente mudamos tudo à nossa volta, inclusive o nosso Planeta.

Nós mudamos nossa vibração, quando mudamos a maneira de perceber e interagir com o mundo à nossa volta.

Nós, assim, ascendemos sobre nossas dificuldades, deixando de lado antigas mágoas e tristezas. Deixamos também de ver a nós mesmos como vítimas do destino, e assim tomamos as rédeas de nossas vidas e procuramos nos fazer felizes.

Isso tudo é simples?

Infelizmente, devo dizer que não, mas também não é impossível. Podemos fazer. Podemos mudar nosso pensamento e deixar de acreditar nas impossibilidades, porém, este é um processo que caminha de dentro para fora.

Nosso coração precisa primeiro sentir. Caso contrário, ficaremos feito papagaio repetindo sem nunca ter realmente aprendido a lição.

Graças ao trabalho das Hierarquias de Luz no plano sutil do planeta, muito já aprendemos sobre os novos e libertadores caminhos espirituais.

Desde 1987, tenho ouvido e repetido o termo Hierarquia, sem ter exatamente a noção profunda do seu significado. Para explicar melhor esse assunto, devemos lembrar que muitos de nós imaginamos e realmente sentimos que somos filhos das estrelas.

Tenho recebido muitas mensagens de seres interdimensionais, que o tempo todo falam da "volta para casa". O retorno ao lar a que esses seres se referem é o retorno à origem da nossa alma, ao berço de suas Hierarquias.

Somos filhos das estrelas. Somos filhos do Espírito, e o processo de ascensão nada mais é do que este tão desejado retorno ao lar espiritual ao qual nossas almas pertencem. Retorno à nossa origem cósmica, à morada de nossa Hierarquia.

A maioria das pessoas ainda acredita num mundo espiritual, que acontece apenas na Quarta Dimensão, onde existem as escolas e comunidades espirituais, que comumente são visitadas em viagem astral e desdobramentos. São nessas comunidades que moram as pessoas que desencarnaram, nossos pais, avós, etc. Mas devo afirmar que os planos de consciência são infinitamente maiores.

A Quarta Dimensão é uma realidade planetária. Todos que desencarnam passam por ela. De fato, há toda uma vida inteligente que habita esta órbita planetária que existe no plano sutil da Terra. Mas existe, devo dizer, muito mais nos aguardando.

A maioria dos livros que falam de consciências interplanetárias está incompleta, pois ainda não foi feita a conexão necessária para esclarecer que somos parte da família desses seres extraterrestres que visitam o planeta. Independentemente disso, muitas Hierarquias estão resgatando seus filhos encarnados neste planeta-escola chamado Terra. Para isso têm feito uso de sensitivos e canais, a fim de transmitir sua mensagem libertadora. Não estou me referindo a abduções e interseções dolorosas. Nós não somos ratos de laboratório. Somos seus irmãos encarnados e, por isso, somos sempre tratados com o maior amor e respeito por esses seres de luz, que não têm o direito de interferir em nossas escolhas, mas nos ensinar.

As chamadas Hierarquias referem-se à origem cósmica que cada um de nós tem. Cada um de nós veio de uma Constelação e aqui neste planeta, como sabiamente ensinou um mestre de luz, vestimos o uniforme da carne para frequentarmos a escola da vida na Terceira Dimensão.

Num absurdo engano quanto à nossa origem espiritual, nós nos aprisionamos cada vez mais à densidade que a Terra oferece, acreditamos que somos esse corpo.

No desejo de nos libertar, muitas Hierarquias têm colaborado neste trabalho de conscientização de nossa origem cósmica, mas muito ainda deve ser feito, pois é preciso que o homem aceite a sua origem e se solte de preconceitos e ideias preconcebidas que foram, ao longo de sua existência, incutidas na mente humana, principalmente por religiões que supostamente transmitiam a linguagem divina.

Para o plano espiritual, a palavra de Deus resume-se em apenas um conceito, que é o amor. O amor, esse que se desdobra em mil situações, permitindo a libertação de qualquer dor.

Nossos irmãos extraterrestres estão trabalhando em conjunto com a Fraternidade Branca para a quebra de conceitos aprisionadores, e nos chamando de volta para casa.

Somos filhos das estrelas e estamos sendo chamados para voltar ao nosso lar. Não é mais tempo de morrer para a matéria e nascer para a realidade piegas da Quarta Dimensão planetária. Todos já sabemos que temos que praticar a bondade. Todos já sabemos que temos que ser bons... É hora de saber um pouco mais...

※

A primeira vez que ouvi a palavra Órion não sabia sequer do que se tratava. Ainda nessa ocasião fui informada de que era filha de Órion, mas o conceito Hierarquia só veio ficar mais claro tempos depois.

Hoje sei que nossa Hierarquia nos deixa alguns traços de caráter que, como as semelhanças físicas, nos distinguem de outras pessoas. Claro que só poderemos saber um pouco melhor de nós mesmos e nos reconhecer como filhos de alguma Hierarquia quando nossos registros emocionais estiverem limpos e mais apaziguados. Isto quer dizer: tomar consciência de nossas emoções, compreender melhor tudo o que nos cerca e não ficarmos mais atrelados às baixas vibrações acreditando-nos vítimas do destino.

Na Quarta Dimensão Planetária estão guardados os nossos registros Akásticos, o que vem a ser o *Livro do Carma*, no qual estão registrados todos os nossos atos.

Boas e más ações do passado estão escritas no *Livro do Carma*.

Recentemente, Mestre Seraphis Bey, que é o responsável pela Chama da Ascensão, disse, numa comunicação, que os guardiões da Chama Branca são temidos pelos homens, que erroneamente os tratam como "Cobradores do Carma", enquanto na verdade deveríamos saber que eles apenas desempenham a sua função de acertar nossas contas.

Quem faz o Carma somos nós e não eles.

O raciocínio é simples: fomos nós que escrevemos nossas tortuosas histórias, e não os Mestres. Por que então temê-los?

Todo o nosso sistema de crenças foi construído em cima do temor e sustentado pelo medo. Por isso a mensagem da Fraternidade Branca é tão inovadora. Os Mestres ensinam a libertação...

Eles muitas vezes interferem em nossas vidas justamente para nos ajudar, e não para nos cobrar alguma atitude, pois somos os únicos responsáveis por nossas escolhas.

Com o meu trabalho em vidas passadas, tenho ajudado muita gente a rever suas escolhas e, assim como uma Oriana, filha de Órion, tenho trabalhado pela libertação daqueles que chegam até mim.

Muitos não têm nenhuma consciência dos terríveis laços que os aprisionam, apenas querem se livrar da dor e viver melhor. Acredito, porém, que esse desejo legítimo da alma seja o suficiente para ativar enormes transformações, e quando alguém me procura apenas por isso, trabalho imensamente feliz.

Hoje sei que quando alguém se conecta com uma frequência de vida passada, normalmente tem condições de analisar o assunto de uma forma mais esclarecedora, e neste caso não é preciso morrer para ter a chance de refazer o destino. Não é maravilhoso?

O Carma pode ser refeito agora. Com a consciência dos fatos, alterações podem e devem ser feitas no momento presente.

Entendo agora que no meu caso era importante saber a minha origem cósmica pela natureza do trabalho que iria desenvolver, mas na época isto soou como algo sem muita importância. Hoje sei que Órion, juntamente com outras Hierarquias, trouxe vida a este plano de existência física. Órion foi também responsável pelas primeiras semeaduras de vida no astral do planeta Terra, por isso seu importante papel no resgate dos seus cientistas que ficaram aqui, brincando de ser humanos.

Ainda sabendo de tudo isso, passei muito tempo absorvendo essas informações, juntando as peças do quebra-cabeça, procurando dar um sentido a tudo o que vivia, o que veio acontecer quando entrei em contato espiritual com os Mestres da Fraternidade Branca.

Nesses anos todos, trabalhei com muita gente e, nessas sessões individuais, obtive importantes respostas e esclarecimentos, que aqui transmito a você, meu amigo leitor, da forma mais simplificada que encontrei.

Sabemos que verdades veladas estão sendo desvendadas para nós, que estamos honestamente procurando o desenvolvimento da nossa alma e a felicidade no plano físico. Na virada do milênio, tomamos consciência da grandiosidade do mundo espiritual que nos cerca, e acessamos uma série de conceitos que antes estavam reservados a seres especiais.

Hoje todos somos "especiais". Mais conscientes de que somos seres espirituais, vivendo experiências no mundo da matéria, assumimos cada vez mais responsabilidades sobre nossas escolhas e consequentemente sobre o nosso processo pessoal de aprimoramento. No entanto, ainda quando se fala sobre ascensão planetária, muitas pessoas se esquecem de que a ascensão, antes de tudo, é, e deve ser, pessoal. O que significa que temos de ser capazes de superar nossos defeitos, potencializar nossas capacidades, e assim abandonar o caminho que nos atrela ao sofrimento.

Pode parecer difícil para quem está enfrentando um problema acreditar que há uma saída muito simples e libertadora; mas para tudo o que nos aflige há uma solução digna.

Ascensão não significa, como muitos pensam, que uma nave de luz aparecerá no céu e nos levará a um mundo onde não existe sofrimento.

Ainda que essas naves estejam realmente orbitando o planeta, elas são corpos de luz, também conhecidos como *Merkabha*, e não armações metálicas tão densas quanto a densidade da Terceira Dimensão na qual nós vivemos.

Ascensão pessoal significa transcender as nossas próprias dificuldades e não fugir dos problemas, como erroneamente poderíamos pensar.

Devo esclarecer também que existem muitos seres extraterrestres e muitas Hierarquias, mas somente alguns deles têm autorização para comunicar-se com a Terra. Alguns intrusos tentam burlar essa lei, mas há um governo oculto, que cuida do bem-estar do nosso planeta e da nossa humanidade.

Devemos lembrar que os Mestres Ascensionados que servem à Fraternidade Branca ensinam, por meio do exemplo de suas vidas, que viver é uma dádiva e não um sacrifício. Afinal, se deu certo com eles, conosco não será diferente. Essa tomada de consciência proporciona no plano sutil as aberturas necessárias para que o Divino entre em ação em nossas vidas e para que nossas respectivas Hierarquias venham ao nosso encontro.

Os Mestres jamais nos esqueceram e, visando à melhoria da vida no planeta Terra, têm enviado para nós constantes incentivos, impulsionando-nos para trabalharmos na ascensão da nossa alma imortal e na nossa volta ao lar. Aproveite e faça uso da poderosa Chama do conhecimento, que pode transformar-se numa grande e libertadora luz dentro de você.

Aqui transcrevo uma mensagem canalizada do Mestre Seraphis Bey, que trabalha a serviço do Quarto Raio pela Chama da Ascensão:

"Não sei se trabalharemos com muitos, mas os poucos que ficarem estarão para sempre ancorados na energia do Grande Mestre da Chama Branca, Seraphis Bey.

Já chamaram os Guardiães da Chama Branca, os Senhores do Carma, como 'homens com cara de cachorro'. É assim que a maioria dos seres humanos vêm a nós, Guardiães da Chama. Nos vêm com medo, pois vêm refletidas em nós imagens que fazem de si mesmos, de seus malgrados, de suas tristezas e das suas incompatibilidades.

Quando o homem chega no Palácio da Ascensão, em Luxor – onde queima e flameja a Chama Branca da Purificação – ele se sente tão sujo, tão imperfeito, tão inseguro, tão longe da sua

natureza Crística, que somente assim (com cara de cachorro) ele poderá nos ver...
Pedimos, meus filhos, tirem os óculos.
Pedimos, meus filhos, abram os olhos.
Pedimos, meus filhos, despertem de suas imperfeições.
Porque quando o homem se achar imperfeito, ele o será; quando ele se achar puro, ele o será.
Portanto, a Pureza, a Chama da Ascensão, trabalhará os corpos sutis e também o corpo físico de vocês, fazendo aflorar no corpo físico, bem como na sua alma, na sua intenção e nas suas emoções, profundas provações.
Provações que não serão fáceis, porque serão provações internas: está sendo proporcionada a vocês a graça de terem as suas obras aqui, ainda encarnados no mundo dos homens, testadas e contestadas.
É uma grande bênção. É uma grande oportunidade de limpeza, pois o homem sempre acaba sabendo de todos os malfeitos quando ele já está morto, quando não tem mais corpo para limpar as impurezas geradas por aquele ego inferior que era sua realidade enquanto encarnado.
E assim vemos nossos discípulos, amadas Chamas, amados seres de luz – chegarem até nós e nos verem como cachorros, como seres inferiores, como Senhores do Carma, e donos da vontade. Quando, na verdade, donos do Carma e senhores da verdade são vocês.
Portanto, aquele que não ascensiona, aquele que não liberta seu companheiro aprisionado, aquele que não ama com o coração, aquele que não sente a dor do outro, está, ele mesmo, impedindo que sua vida seja transformada e mudada.
Estaremos dando a vocês não apenas a oportunidade de queimar um pedaço de papel com as suas idiossincrasias; estaremos dando a vocês a chance de transmutar as suas crenças.
Pois, se aprisionado o homem está, é porque ele acredita na sua limitação."

Sou Seraphis Bey.

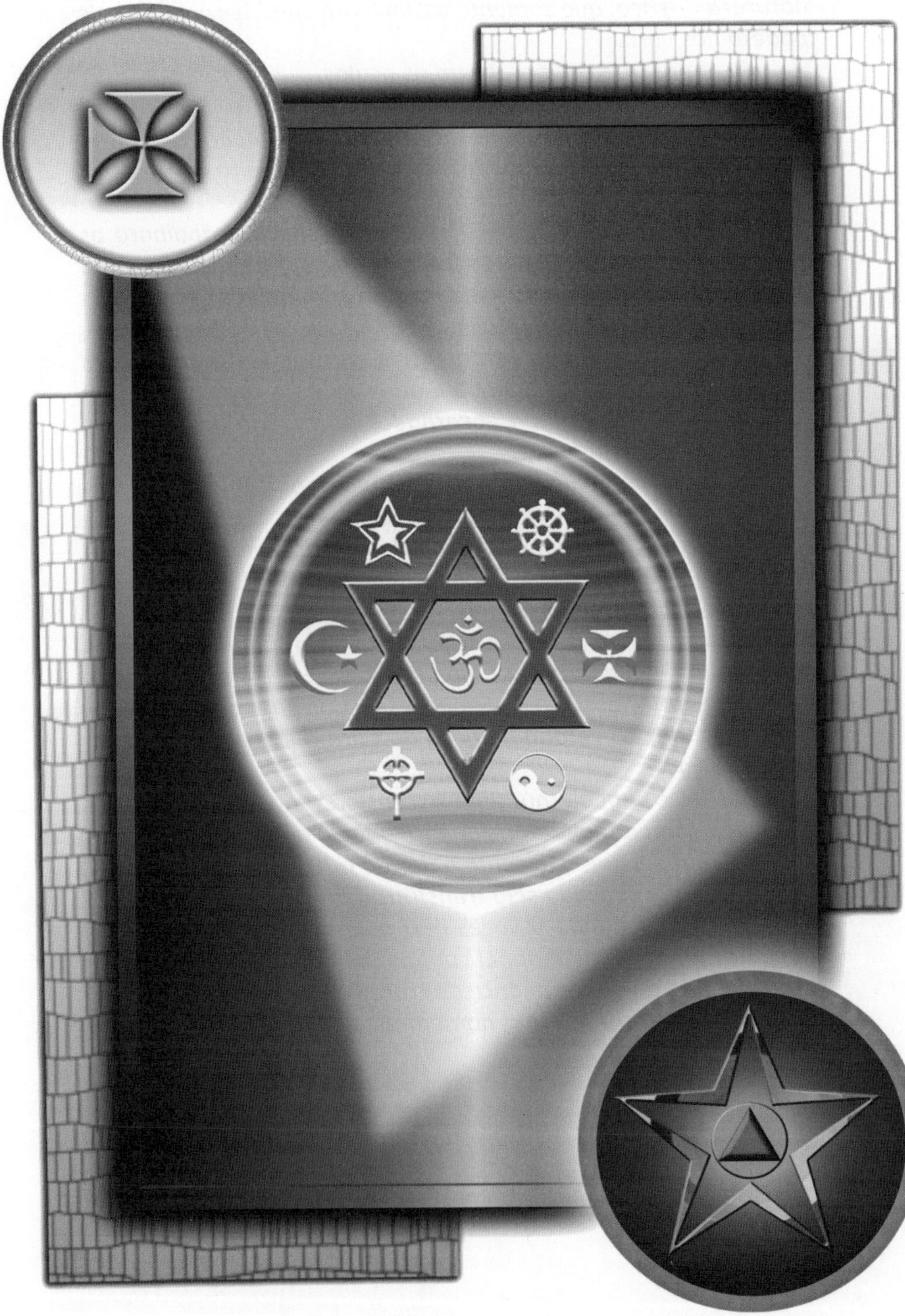

CAPÍTULO 2

Fraternidade Branca
O Governo Oculto

"Um dia nos perguntaram quem abre as portas do céu.
É costume as pessoas nos confundirem com guardiões, e pensarem em nós como os guardiões da Terra, com aqueles que proíbem as pessoas de entrarem no céu, com aqueles que dizem a hora de sair; com aqueles guardiões que limitam, aqueles que impedem. Ao contrário disso, nós somos os que abrem. Nós somos os anjos que usam as asas para acolher, para abraçar e aliviar as dores.

Portanto, meus filhos, eu digo a vocês: não somos nós que fechamos as portas. Não somos nós que atravancamos os caminhos. Não somos nós que impedimos que vocês realizem em suas vidas sua total potencialidade, seu total Deus interno em manifestação.

Os que impedem e atravancam seus caminhos são vocês mesmos. Seus medos, suas ansiedades, suas raivas é que causam os impedimentos.

Todas as vezes que o homem se achar impotente, ele o será, e todas as vezes que o homem se achar desprezível, ele o será. Portanto, afinem-se com sua capacidade divina, envolvam-se com seu próprio manto de luz, e permitam que dentro de vocês floresça a libertação.

Não há portas. No céu não há guardiões. No céu há 'guardiões' que guardam este outro mundo, que está à espera de cada um de vocês.

Nós não somos guardas, nós somos aqueles que os aguardam. Braços, asas e corações abertos."

Mensagem do Arcanjo Gabriel.

O homem muitas vezes deixa escapar por entre as mãos incríveis verdades espirituais para não correr o risco de desafiar os conceitos preestabelecidos, que limitam o que é certo e o que é errado saber.

Neste tempo que estamos vivendo, conhecido como era de Aquário, muitas transformações são esperadas, e acredito que a mais importante de todas elas é a abertura espiritual para novas ideias.

Desde tempos antigos, onde a religião do medo proliferou, aprendemos que deveríamos colocar Deus numa espécie de pedestal, portanto longe de nós, e por causa disso nos sentimos durante tanto tempo terrivelmente solitários. Agora estamos novamente descobrindo um Deus dentro de nós.

Falam os Mestres de Luz num Deus que ama e perdoa, de um Deus de amor e de fé.

Apesar de muitas vezes nos sentirmos solitários, nunca fomos abandonados ao nosso destino. E felizmente nunca fomos também totalmente livres, para fazer o que bem entendêssemos de nossas vidas, pois poderíamos ter nos colocado em situações terríveis, como fruto de nossa ignorância.

Aprendi com os Mestres que sempre houve um governo oculto que esteve junto a nós, cuidando e não permitindo que extrapolássemos em nossas lutas e desacertos.

Muitas pessoas sempre acreditaram nessa força que costumamos chamar de Deus, e sempre tiveram fé na interferência divina. Por assim dizer, sempre estiveram conectadas com essa verdade espiritual que a Fraternidade Branca ensina, que é a presença de um Deus único.

A Fraternidade Branca é o "Conselho" que representa esse "Deus", e exerce na Terra a função de governar o nosso aparente caos.

Este governo oculto está paulatinamente deixando de sê-lo, justamente para nos orientar no caminho de volta para casa, pois como o homem se libertaria de sua dor se não soubesse meios de curá-la?

Como esse homem tão atrelado ao sofrimento voltaria a viver sua vida espiritual sem que estivesse livre para isso?

Estamos vivendo num mundo onde crescem as doenças da alma, crescem os desacertos espirituais e, consequentemente, cresce também a necessidade de Deus em nossas vidas.

Por séculos e séculos estivemos aprisionados a ideias de supremacia material, e ainda hoje somos perturbados por uma ambição indevida, pois ambicionamos muitas vezes o que não seria bom para nós... Lidamos com a fome, mas não a exterminamos. Lidamos com a dor, mas novas formas de sofrimento foram aparecendo à revelia de nossa vontade. Será então que nascemos para sofrer na matéria?

Será que a libertação é a morte do corpo, para se viver num plano de consciência mais espiritual que apenas nos instrua e não nos liberte?

A Fraternidade Branca com seus luminosos ensinamentos nos coloca mais próximos da ideia de liberdade divina. Os Mestres dos Sete Raios, outro nome pelo qual Fraternidade Branca é conhecida, nos ensinam como entrar em contato com as forças divinas, e assim nos libertar dos nossos aprisionamentos.

Tenho usado, com as pessoas que frequentam o espaço que dirijo com o propósito de fazer a terapia de vidas passadas, um exemplo bastante esclarecedor. Explico a eles que, como um rádio, estamos sintonizados numa determinada frequência vibratória. Quando acontece a morte física, é como se esse rádio fosse desligado da tomada, mas a estação não foi alterada. Desta forma, continuamos atrelados à mesma vibração. Assim, adentramos na Quarta Dimensão, ou Plano Causal, e nos deparamos com as mesmas lições que já estudamos em outras vidas e das quais ainda não nos libertamos; aprisionados ao ciclo de nascimento e morte, voltamos a nascer na matéria para resgatar nossas diferenças, retomando a inacabada lição.

A libertação ensinada pelos Mestres dos Sete Raios é uma mudança no nosso sistema de crenças e principalmente na nossa vibração. Portanto, vibrando diferente, sentimos a vida de forma diferente também, e temos a chance de perdoarmos com mais facilidade.

O perdão é a forma mais libertadora que só o amor pode nos capacitar.

Quando acreditarmos que podemos mudar o nosso destino, com certeza somos capazes de fazê-lo.

Aprendi com os mestres que acreditar no bem, nas forças do bem, liberta o homem.

Porém, devemos esclarecer que não adianta acreditar apenas com a mente racional, que pode apenas nos apontar a verdade, é preciso uma sensível mudança nos nossos sentimentos e no nosso comportamento, para completar o ciclo de cura, que se processa pelo coração. Aí entram as meditações, as visualizações curativas, etc.

Os ensinamentos da Fraternidade Branca estão cada vez mais próximos do homem justamente para ele ter condições de colocar em prática aquilo que "sente". Os Mestres vêm nos ensinar um processo maravilhoso e ao mesmo tempo simples de libertação, pois é hora de agirmos com consciência, e por isso eles estão nos orientando.

Muitos sensitivos têm recebido o chamado para trabalhar a serviço dos Mestres, pois como diz Saint Germain: "O tempo urge!".

Uma pessoa que começou a frequentar nossas reuniões, e conheceu a Fraternidade Branca pelos nossos trabalhos, me perguntou: "Se o tempo urge, por que só ficamos sabendo disso agora?".

Na época achei muito engraçado, mas isso me levou a pensar que a chegada desta nova era trará muitas novidades, e fará o despertar de pessoas que ainda não sabiam da importância da vida espiritual.

A Fraternidade Branca tem nos ensinado lições profundas por meio de exemplos simples como os que uso para ilustrar este livro. Falam constantemente como nos libertar por meio do amor e da conscientização de nossas falhas.

Mudar pelo amor e não mais pela dor.

"Todos os dias há a manifestação de energias que aprisionam o homem aos mundos inferiores. O medo é uma delas; a raiva é uma delas... mas a principal delas é o desdobramento do medo e da raiva, que é o que transforma esses sentimentos no ódio.

Todas as vezes que você se ligar a uma pessoa, odiando-a, desejando coisas negativas, querendo que vingança seja feita, ou que a verdade, a sua verdade prevaleça sobre este outro ser, você estará se ligando à energia do ódio.

Queremos, aqui, meus filhos, falar a vocês da libertação. Se encarnados estão aqui na Terra, é porque, de alguma forma, a energia do ódio aprisionou os seres espirituais que vocês são em sua essência. A energia desdobrada em medo ou em raiva os atrelou ao processo cármico reencarnatório.

Quando alguém quer se libertar, não é se libertar para viver no vazio. Sabemos que nas mentes de vocês passam muitas dúvidas. O homem deve querer se libertar para viver a sua plenitude e não o vazio. Quando vocês desencarnam, quando não têm mais um corpo, vocês ainda estão preenchidos pela energia da matéria, porque ficam ainda orbitando este planeta. Ficam ainda vivendo as suas histórias cármicas, os seus compromissos cármicos, os seus grandes e seus pequenos encontros cármicos. E quando alguém vem e lhes fala de libertação, lhes fala da ascensão espiritual, vocês num primeiro momento desejam e num segundo momento se sentem assustados pensando:

Quando eu ascender, quando eu me libertar, eu serei o quê?

O quê eu serei quando eu for livre?

O quê eu serei quando eu não tiver mais a minha família para me preocupar?

O quê eu serei quando eu for livre e não tiver mais os desafios profissionais para me preocupar?

O quê eu serei quando eu for livre e não tiver mais um desafeto, um desamor, para ocupar os meus pensamentos?

Queremos dizer a vocês que, quanto mais livre o homem for, quanto mais livre esse ser se tornar, mais amoroso ele será. E mais preenchido das vibrações superiores ele estará. E mais feliz ele se encontrará. E os irmãos, os amigos da sua alma, da sua essência, estarão por perto, formando, junto a vocês, uma grande família.

Quando falamos, então, meus filhos, da libertação, falamos da libertação do ódio. Falamos da libertação do medo. Falamos da libertação da raiva.

Compreendam que esses sentimentos são profundamente destrutivos e inferiores. Abalam não apenas a estrutura emocional, a estrutura mental, o corpo vibracional, como também o corpo físico. E quando estiverem doentes, observem em suas vidas o que do seu coração adoeceu. E se observar que você tem manifestações de raiva, manifestações de medo, manifestações de insegurança, manifestações de mágoa, manifestações de ódio, então compreenda que é aí a raiz da sua doença. E comece um trabalho libertador, emanando amor para você mesmo.

Trabalhe na Chama Rosa, trabalhe na energia do amor. Trabalhe pedindo à Chama Rosa, pedindo a orientação dos seres que trabalham a serviço dela. Pedindo a sua libertação, não para o vazio, não para a solidão, mas para junto de sua alma. Pelo caminho de agregar a sua alma à sua verdadeira estrutura espiritual.

Compreendam que a ascensão é planetária. É, inclusive, a ascensão do próprio Sistema Solar. É uma ascensão muito grande aquela que vocês estão no caminho de viver. No entanto, ela começa na sua vida pessoal. Porque não há nada mais importante para você do que você mesmo. Não há nada mais difícil para você do que você mesmo.

Sabemos que falamos uma linguagem que exige que vocês tenham fé. Mas sabemos também que vocês têm a capacidade de desenvolver esse sentimento. E muitas vezes o homem sofre pela falta de fé. O homem sofre pela inconsciência de sua fé. O homem se encontra sujo de miasmas da dor, miasmas do sofrimento, miasmas do medo. Por isso, sugerimos a vocês os banhos com sal. Sal azul, para o despertar da fé; sal rosa, para o despertar do amor; sal amarelo, para o despertar da sabedoria.

Vocês vibram numa consciência tão inferior, tão triste, tão longe do seu eu espiritual, que precisam da ajuda da natureza para limpar as suas auras, para limpar o seu corpo energético e vibracional. Alguns, entre vocês, não acreditam em rituais. Não precisam acreditar.

Alguns, entre vocês, não acreditam em religiões. Não precisam acreditar, porque o ritual e a religião são escolhas internas. Vocês devem escolher fazer ou não parte de um determinado grupo. Mas sabemos que os grupos são extremamente importantes. Vocês devem saber que quando o homem se une a um irmão, a um amigo, a força desse irmão fortalece também as suas próprias crenças. Portanto, compreendam que estar num grupo é compartilhar energias. É dividir conhecimento. É partilhar a sua capacidade de amar, pois o homem aprende através das pequenas coisas. E formaremos para isso inúmeros grupos, nos quais vocês poderão exercitar a capacidade de aprender pelo amor.

Eu sirvo à Chama Rosa. Eu sirvo ao despertar da Chama Trina. Eu sirvo à minha adorada Mestra Rowena. E, em nome dela, venho aqui como um humilde servidor.

Saúdo todos vocês."

A mensagem de Hércules veio como transcrevo a seguir. Nesta ocasião meu sobrinho tinha acabado de nascer e estava ainda no hospital recebendo uma transfusão de sangue, o que havia me deixado bastante preocupada.

"É importante compreendermos que a vida na matéria é também uma forma de morte para o espírito. Que o ser encarnado perde a liberdade e a sabedoria que desfrutava nos mundos espirituais.

Assim como os vivos quando morrem passam por uma espécie de sono curativo, os bebês também. Eles são espíritos se esquecendo, enquanto os que morrem são espíritos se lembrando.

As passagens são dolorosas, pois em ambos os casos é preciso desapegar-se. Uns da matéria, outros do espírito.

Tanto o nascimento quanto a morte deveriam ser vistos como uma festa. Um momento de regozijo, pois mais uma etapa foi cumprida. No entanto, podem morrer felizes apenas os que cumpriram sua missão, enquanto a maioria passa esse tempo se arrependendo do que não fez.

Quando um espírito encarna, quer de todas as maneiras se recordar de suas metas, mas as provações devem ser vividas com alegria. A família deve ajudar com palavras de encorajamento e incentivo que, ainda que não compreendidas pelo recém-nascido, podem ser sentidas pelo espírito que está ali já meio dormente. Os pais devem manter a alegria, pois com certeza receberam em seu lar um companheiro que veio com eles resgatar suas arestas frente ao grande desafio de viver e ser feliz.

Quanto maior o amor que une as pessoas, mais saúde e realização.

São leis simples que, soltas na complexidade da mente humana, se perdem como meros conceitos.

Amar cura, filhos meus.

Amar cura todas as dores, todas as tristezas, todas as mágoas.

Curem as suas, apenas amando.

Amando como Deus espera que vocês amem.

Esqueçam a amargura, esqueçam o egoísmo, esqueçam as lutas e desavenças, e apenas amem.

Tudo será luz, tudo será alegria.

Amem.

Amem o próximo como a si mesmos. Lembrem que as sábias palavras de Jesus são um bálsamo para todas as feridas.

Sejam felizes e curem com o amor."

Hércules, o Elohim.

Hércules falava de fé. Uma fé que eu ainda não conhecia muito bem...

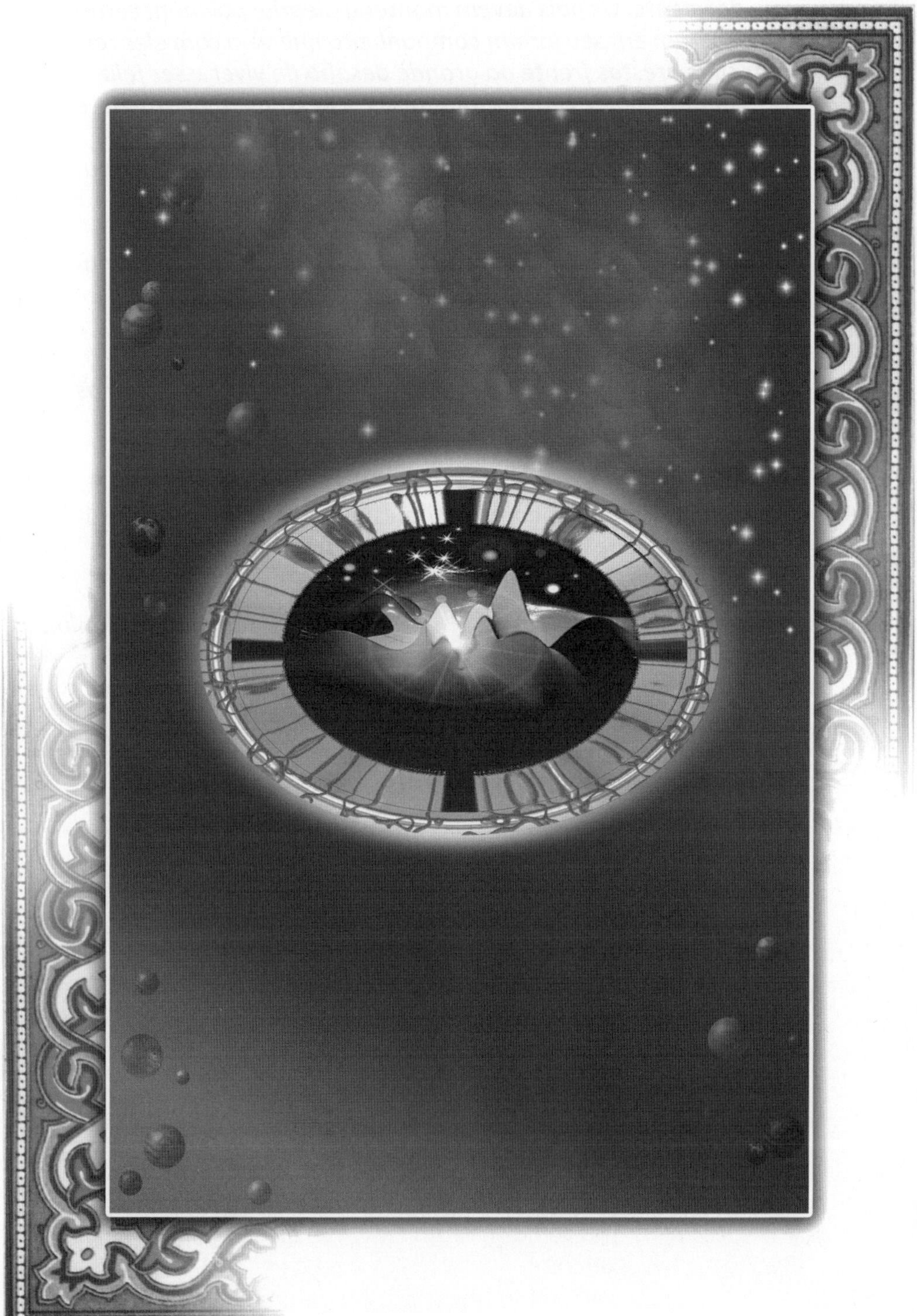

CAPÍTULO 3

A Luz que Criou os Mundos
A Origem dos Sete Raios

"A energia azul desbravou os mares; a Chama Azul foi a responsável pelo povoamento deste planeta; nós viemos como seres espirituais sem forma, sem corpo físico, para povoar mais este mundo.

Encher de energia, de verdade, de fé e de ideais este planeta que deveria nascer para o espírito. Compreendam, meus filhos, não basta ter um corpo físico, se não houver um coração. O coração é a conexão com os mundos espirituais. Somente através do plexo cardíaco, do coração, que vocês podem se unir ao Pai, ao Deus criador, a sua origem divina, sua hierarquia, sua origem cósmica.

Nós viemos em nossas naves de luz através da energia da Chama Azul – Primeiro Raio, e começamos nosso trabalho de desbravadores, trazendo luz e consciência para aqueles homens que estavam aqui no planeta, aprendendo os rudimentos da raça humana. Nós nos incorporamos a essa espécie animal, e demos luz, e consciência. Isso há milhões de anos, no início das eras planetárias.

A Chama Azul foi a primeira Chama a tocar o planeta neste ciclo evolutivo. Queremos explicar a vocês que em cada tempo há um desenvolvimento, há ascensão e há o declínio.

Contadores de histórias que somos, contaremos a vocês a história do mundo através da visão da hierarquia dos iluminados.

O planeta ganhou vida no plano físico por meio da interferência do Altíssimo, da vontade Divina, e depois foi ganhando inteligência, amor, consciência através de nós, seres vindo de outras constelações, de outras galáxias. Trouxemos aqui a nossa vontade de criar e de nos tornarmos também Deus. Por isso já fomos chamados de jardineiros do espaço.

Eu sou de Pégasus; venho desta longínqua constelação trazer a vocês um pouco mais de compreensão da sua própria história. Trabalhei na crosta do planeta no desenvolvimento da consciência humana através da Chama Azul. Quando declinou a abrangência da Chama Azul, teve início a chegada de uma outra hierarquia, de outros seres espirituais, que acoplaram a energia planetária; e assim aconteceu sucessivamente. Por isso algumas escolas iniciáticas referem-se ao domingo como o dia do Primeiro Raio – Chama Azul – mestre El Morya, que é o seu atual governante. No entanto, as Chamas não estão aprisionadas.

Os dias da criação são alegorias, são formas de decifrar o indecifrável; maneira que vocês têm para entender o indecifrável.

Percebam então a importância que representa este fechamento de ciclo que se iniciou sob a regência do Sétimo Raio – Chama Violeta. Todos aqueles que estão enfrentando este processo de transformação, este fechamento de um grande ciclo cármico, passam por transformações.

A maioria de vocês esteve aqui desde o começo, desde que este planeta era habitado por seres que ainda não tinham desenvolvido uma alma. Vocês, como eu, deram luz espiritual a estes animais, e se vestiram da forma para se esquecer temporariamente que são espíritos.

Agora, a Chama Violeta vem tocar o planeta para libertá-los. Vivam com alegria o processo de ascensão, que é o processo de libertação. Ajustem seus carmas, criem possibilidades de amar e amem. Façam seus ajustes através do amor, porque a liberdade feita através do amor é amplamente sentida, e muito mais facilmente obtida. Compreendam aceitem e amem."

Mensagem de um ser de Pégasus.

Deus é único: aprendemos desde cedo. Mas se é assim, por que tantas crenças e nomes diferentes?

Há muitos anos, no desejo de entender melhor a manifestação dessa força divina, estudo as diversas religiões. Devo dizer que estudo por prazer, pois sempre desejei compreender a origem espiritual do homem, o que me levou a pesquisar os diferentes temas sobre o assunto. Entendi, então, que muitos nomes foram dados ao mesmo princípio criador, e alguns deles, ao contrário do que mostram as aparências contraditórias, se complementam.

Algumas perguntas surgiram em minha mente quando me deparei com a Fraternidade Branca:

O que representam os Sete Raios?

Seria uma nova religião?

Para explicar melhor o que entendi e não me ater a conceitos religiosos, sugiro que pensemos em Deus como energia.

É preciso abstrair bastante o pensamento para compreender a pluralidade dos Sete Raios, que descobri ser o Divino imanifesto, que vai ganhando forma e distribuindo sua potencialidade criadora pelas Sete Chamas.

Esotericamente, essas potências foram chamadas de Princípios Divinos, também conhecidos em sânscrito como *Kumaras*. Devemos lembrar que em cada uma dessas Chamas está armazenada uma determinada qualidade, e que todas são complementares entre si, sendo que a soma representa o próprio Divino.

Descobri que a Fraternidade Branca fala como todas as grandes correntes filosóficas de um Deus único e amoroso, que cria universos e que ama seus filhos.

Nos meus estudos, comecei a fazer paralelos com tudo o que já havia aprendido, e meu trabalho foi amplamente facilitado, pois realizava esta tarefa, sendo guiada pelas intuições que esses seres maravilhosos colocavam em mim. Fui ensinada por eles a abrir o pensamento e a compreender Deus como algo muito amplo. Desta forma, fui me permitindo absorver seus ensinamentos sem me aprisionar a antigos conceitos que colocavam Deus fora de mim, inalcançável. Queria abrir meu coração para sentir o que significava a manifestação dos Sete Raios já que eles estavam se infiltrando na minha vida, me enviando mensagens e ensinamentos.

Na primeira sessão em que me abri oficialmente como "Canal" da Fraternidade Branca, ainda não sabia exatamente o significado do poder de cada Chama, pois conhecia intelectualmente sua força, mas ainda não tinha provado seu poder.

Por meio da canalização, fomos assolados por informações que despertaram a curiosidade de todo o grupo, pois estávamos, pela primeira vez, tendo contato com a energia espiritual dos Elohins e ficamos aturdidos com sua força.

Perguntávamo-nos: afinal, quem eram esses seres?

O que era um Elohim?

Seria possível um anjo vir falar conosco?

Será que os Mestres um dia teriam também sido encarnados, vivido a experiência como pais, filhos e passado pelas mesmas dificuldades que nós?

A Fraternidade Branca nos colocou em contato com uma nova forma de ver Deus e os seres que estão a seu serviço. Estávamos aprendendo com a prática que poderíamos, sim, nos conectar com o universo do espírito...

Para melhor esclarecer a atuação desses seres em relação aos raios em que atuam, coloco essas informações a disposição do amigo leitor:

Numa noite, finalmente tivemos o primeiro contato com a Fraternidade Branca por intermédio de Hércules, o Elohim do Primeiro Raio – Chama Azul, que nos falava de uma fé ativa... Uma fé prática, que motiva e cria oportunidades.

Aprendemos também, com os Mestres, que a Luz Divina, quando entrou em contato com a densidade material, se dividiu em Sete Raios diferentes, por isso cada Mestre torna-se o representante de uma Chama em especial, e cada um vibra em sua natureza interna de uma maneira diferente, portanto, servem a uma determinada Chama, em que suas potencialidades naturais são exaltadas.

O Prisma Divino, uma outra figura de linguagem usada por eles, define a totalidade de Deus, que pela refração oferecida pelo mundo material se dividiu em Sete diferentes Chamas.

Para elucidar o nosso pensamento, os Mestres sugerem:

"Imagine um diamante perfeitamente lapidado, e a luz nele refletida se difundindo em cores, Sete diferentes Raios que continuam sendo parte do diamante, apesar de suas nuanças.

Desde tempos imemoriais, estas energias estão tocando o planeta Terra, trazendo amor e consciência à vida material. O Homem encarnado, portanto, deve ser visto como um ser de origem espiritual, e assim entender que está aqui na Terra experimentando ser humano, enquanto na realidade é espírito.

Infelizmente, muitas vezes, essa verdade está oculta pelo véu de Maya, ilusão, que os faz acreditar que estão aprisionados às suas crenças e aos limites que criam, mantendo-os cada vez mais atrelados às leis restritivas da matéria.

O espírito é libertador.

O saber é libertador.

A fé é liberdade...".

Tabela Padrão

Raio	Chama	Mestre(a)	Características	Arcanjo	Características	Elohin	Características
Primeiro	Azul	El Morya	Poder divino, força	Miguel	Espada, ação	Hércules/Amazon	Ensinam a fazer uso do poder
Segundo	Dourada	Kuthumi, Lanto	Saberoria, compreensão	Jofiel/Constantina	Cristalização das ideias	Cassiopeia/Minerva	Ensinam como contatar o discernimento e a sabedoria
Terceiro	Rosa	Rowena (Paulo Veneziano)	Amor divino, delicadeza, compreensão	Samuel/Charity	Amar a Deus para fortalecer a fé (adoração)	Órion/Angélica	Incentivam a fazer uso da boa vontade
Quarto	Branca	Seraphis Bey	Pureza (plano imaculado), ascensão	Gabriel (Mensageiro de Deus)	Traz a esperança e a ressurreição	Claire/Astrea	Fazem a manutenção do modelo divino, limpando a atmosfera
Quinto	Verde	Hilarion (Paulo de Tarso)	Verdade, inteligência, cura	Rafael	Trabalha com a cura, dedicação, aprender	Vista (Ciclope) com o olho divino que tudo vê/Crystal	Concentração, limpeza e purificação para receber a verdade
Sexto	Rubi	Jesus, Nada	Paz, amor, devoção	Uriel/Donna Graça	Trabalha pela paz e a misericórdia, ajudando a quem necessitar	Tranquilitas/Pacífica	Viver em paz e equilíbrio
Sétimo	Violeta	Saint Germain. Kuan Yin (Deusa da Misericórdia)	Era da liberdade, transmutação, purificação	Ezequiel/Ametista	Desembaraça as situações, trazendo alívio e libertação	Arcturus/Diana	Liberdade pela ascensão. A constância dos apelos fará a libertação

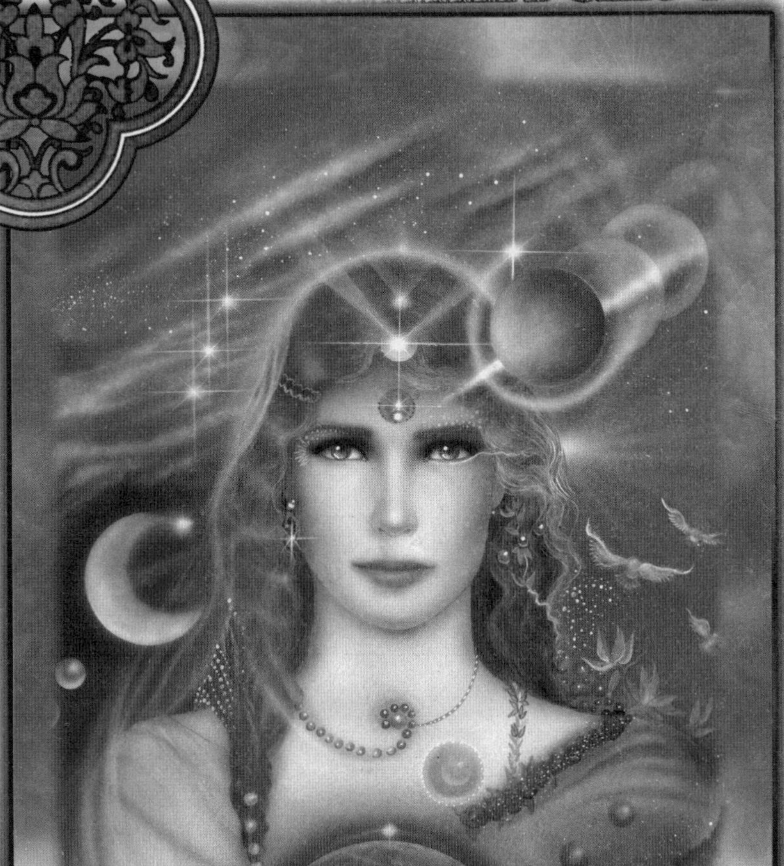

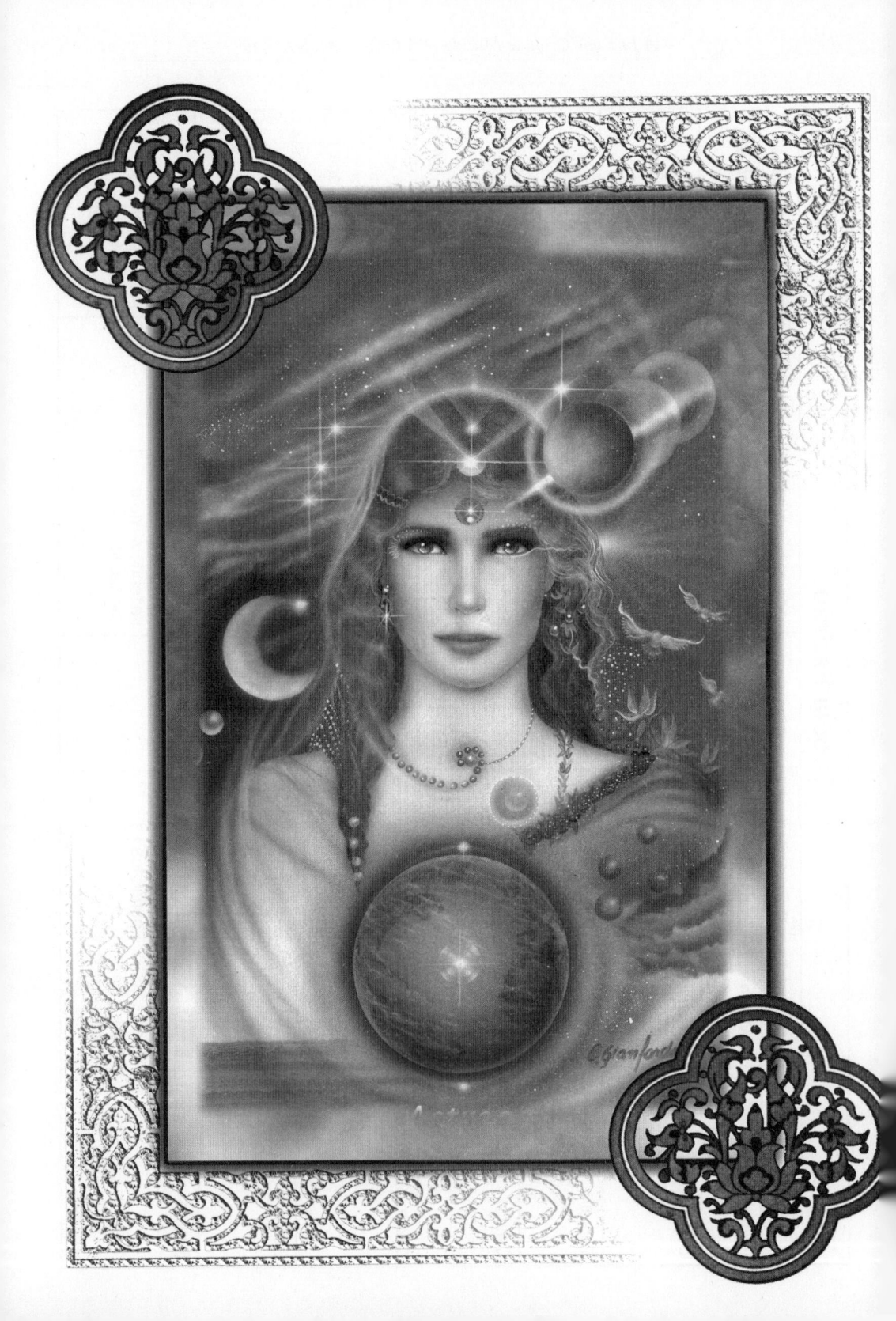

CAPÍTULO 4

Elohins

Plano Mental Superior

"Eu sou Cassiopeia. Venho em nome da Chama Dourada falar a vocês do poder do pensamento centrado.

Os Elohins são a manifestação da vontade divina. Nós somos a força divina manifesta no mundo objetivo, como o princípio divino nas árvores, nas plantas e até nos pensamentos dos seres humanos. Nós somos a centelha de luz que se torna densa e se transforma em matéria.

O raio da sabedoria, a chama da sabedoria, possibilita a consciência e a ascensão através do conhecimento, através do foco centrado de sua inteligência.

Imaginem que a força do seu pensamento é como o sol, que é infinitamente maior que este planeta que vocês chamam de Terra. Através da concentração, através da força da sua energia concentrada, vocês podem alcançar qualquer objetivo nesta vida.

Tudo está à sua disposição, desde que o pensamento seja centrado, um pensamento livre de egoísmo, livre de falsos desejos, falsas modéstias e falsos medos. Porque tudo aquilo que vibra negativamente não é verdadeiro. Deus, a projeção desse Deus espiritual é eterna e constante na sabedoria e no amor.

Usem o poder centrado do seu pensamento, como usariam uma lente de aumento para retrair os raios do sol e depois expandi-los. E a força desse poder centralizador da mente criaria, com seus raios, até o fogo.

> *Assim é a mente de vocês capaz de criar mundos, capaz de fazer vocês se tornarem deuses desses mundos. No entanto, o homem se perde em divagações, em medos, em palavras mal faladas, em caminhos tortuosos de si mesmo.*
>
> *Estamos fazendo em vocês um trabalho de centralização de poder. Queremos que cada um se concentre no seu poder e na sua vida. É importante pensar positivo; é importante pensar em luz; é importante ter a consciência da força do seu pensamento.*
>
> *Usem o poder da Chama Dourada, a chama da sabedoria, para criar em suas vidas os mundos pelos quais vocês serão responsáveis. Sim, porque enquanto pensarem besteiras, tristezas, desarmonias, também serão responsáveis por esses mundos de pouca luz.*
>
> *Trabalhem a sua energia, trabalhem a sua força e criem mundos de luz."*

Num primeiro momento, o Criador se manifestou no Plano Mental Superior, conhecido também como Plano Celestial, ou atma, e deu forma aos Elohins, pela força emanada dele mesmo.

Sendo assim, os Elohins manifestam-se no Mundo Mental Superior, como uma derivação do próprio princípio divino, que foi adentrando nos mundos por Ele criados. Os Elohins são também conhecidos como Devas (esta palavra, que vem do sânscrito, quer dizer deuses ou deidades).

Você, leitor, pode estar se perguntando: afinal, o que isto quer dizer? O que vem a ser o mundo mental. Onde se manifestam os Elohins? O mundo mental refere-se apenas à mente e à capacidade de pensar?

Sob a ótica da Fraternidade Branca, quando falamos de mundo mental, estamos falando do universo mental criado por Deus, que é ainda um plano celestial, devido à sua estreita ligação com o Divino.

Esse princípio criador, que veio despontando do nada original, criando mundos, o fez primeiro na sutileza do seu próprio pensamento. Assim, diversas galáxias foram povoadas por seres pensantes, muito próximos de Deus, mas já mostrando um despertar de consciência individual.

É infindável a força da criação, porém, vamos imaginá-la de forma simplificada, vamos vê-la como a primeira semente nascendo num solo preparado. Dela muitas outras brotarão, e assim o ciclo vai se completando por si mesmo. Neste caso, os Elohins são ao mesmo tempo a semente e o solo no qual elas germinarão.

Podemos dizer que, para existir forma na matéria, os Elohins criaram antes a condição para que isso acontecesse, e essa condição criou o mundo mental.

Os Elohins atuam nos cinco elementos primordiais para a manifestação da vida, a saber: Terra, Água, Fogo, Ar e Éter. Não se trata de uma alma individual como a nossa, que pertence a um ser humano.

Os Elohins são uma espécie de consciência grupal, também conhecidos pelos seus atributos ligados à natureza. Portanto, os Elohins são também chamados de Devas. Quando ligados à Terra ficaram conhecidos tradicionalmente como Gnomos. Aqueles que atuam nas Águas receberam o nome de Ondinas. Os que se manifestaram no Fogo tornaram-se conhecidos como Salamandras. E finalmente aqueles que atuam no Ar são as criaturas conhecidas como Sílfides.

Já os Devas ou Elohins que atuam no plano mais sutil, também conhecido como Éter, são também mais "misteriosos", porque são desconhecidos. O Éter é o condutor do pensamento. Devemos lembrar que tudo o que será criado, manifestado no plano físico, antes surge no plano das ideias. Nasce aí a extrema importância do nosso pensamento. Surge então o esclarecimento para as ideias religiosas, que dizem que somos a imagem e semelhança de Deus...

Somos realmente a imagem e semelhança de Deus. Podemos ser conscientemente coautores do nosso destino. Podemos criar à nossa volta a realidade que desejamos viver.

É claro que existem regras que serão respeitadas pela "criação". A principal delas refere-se à Lei Cármica.

Tudo é coordenado por essa Lei que é uma derivação do próprio Ser Divino.

Infelizmente estamos acostumados a ligar o carma à culpa, impedimentos e sofrimentos. No entanto, a Lei Kármica existe, como qualquer outra lei, para criar regras, direcionamentos e também uma disciplina que nos permita crescer.

O que seria de uma planta se acaso ela não fosse regularmente molhada, podada e cuidada por um sábio jardineiro? Talvez ela até crescesse, mas isso seria uma questão de sorte e não de sabedoria. Assim, a Lei Cármica deve ser vista como uma oportunidade de provarmos de nossas próprias crenças e atitudes, e também de melhorar-nos.

Deus cuida de nós. E, mesmo sem que tenhamos consciência ou aceitação de sua presença, Ele existe em nosso alento vital. Portanto, mais uma vez devemos nos lembrar de que não somos vítimas do destino, mas sim construtores dele, e que podemos atuar a todo instante para modificá-lo.

Conscientes da atuação dos Elohins no plano sutil, conhecido como Éter, poderemos acessá-lo por meio dos estados alterados de consciência criados por meio da meditação, do relaxamento e das orações.

Os antigos eram sábios o suficiente para trabalhar na sutilização de sua energia e para isso faziam jejuns e penitências. Hoje vemos com espanto e um certo descrédito essas ferramentas, que em sânscrito são conhecidas como "tapas". Porém, na Índia ainda encontramos "sadus", ou seja, pessoas que renunciaram à vida material, que desenvolvem poderes incríveis aos nossos olhos ocidentais. Na verdade, não fizeram nada mais do que acessar o plano onde atuam os Elohins.

Não queremos chegar tão longe, pois este "richis" ou poderes são alcançados depois de anos de prática. O que sugerimos é um maior controle sobre o nosso próprio pensamento.

Devemos lembrar que, quando pensamos na doença, estamos atraindo a energia da dor. Assim também como quando pensamos em boas coisas estamos também atraindo a força dos Elohins para nos ajudar a construir aquilo que desejamos.

Como o objetivo deste livro é facilitar a compreensão de algumas verdades ocultas, queremos sugerir um exercício:

Pense sobre você, e reflita sobre sua vida...

Lembrou-se de alguma vez que provocou em você o desejo legítimo de realizar alguma coisa?

É exatamente assim que acontece no "Plano Mental Superior": antes que algo se concretize, é preciso dar forma aos pensamentos.

Os Elohins são os *senhores da forma-pensamento*, que se manifestam no Plano Mental, e atuam o tempo todo em nossas vidas.

Estudando as comunicações, foi se aclarando em minha mente a atuação dos Elohins. Como energia que cria os pensamentos, eles não têm regras que os atrele ao que consideramos bem ou mal. Energia é energia, portanto, nós devemos fazer uso da nossa mente para ver onde depositamos nossas crenças.

Quando muitas vezes em trabalhos individuais, ou em grupos, afirmo que podemos nos curar por meio da nossa consciência sobre algum assunto ou comportamento, quero dizer que podemos mudar...

Mudar um paradigma, uma crença, deslocar uma grande quantidade de energia que depositamos num determinado assunto. Porém, essa mudança, para ser efetiva, não pode ser apenas uma mudança no padrão de pensamento. É preciso uma real identificação com a nova crença; assim criamos à nossa volta uma onda poderosa que mudará tudo.

Essa é a potência divina dos Elohins; essa é a força que eles estão nos oferecendo.

Acreditar cura.

Acreditar muda.

Acreditar liberta...

Tabela Padrão – Elohins

Raio	Chama	Características	Elohin	Características
Primeiro	Azul	Poder divino, força	Hércules/Amazon	Ensinam a fazer uso do poder
Segundo	Dourada	Sabedoria, compreensão	Cassiopeia/Minerva	Ensinam como contatar o discernimento e a sabedoria
Terceiro	Rosa	Amor divino, delicadeza, compreensão	Órion/Astrea	Incentivam a fazer uso da boa vontade
Quarto	Branca	Pureza (plano imaculado), ascensão	Claire/Astrea	Fazem a manutenção do modelo divino, limpando a atmosfera
Quinto	Verde	Verdade, inteligência, cura	Visita (Ciclope) com o olho divino que tudo vê/Crystal	Concentração, limpeza e purificação para receber a verdade
Sexto	Rubi	Paz, amor, devoção	Tranquilitas/Pacífica	Viver em paz e equilíbrio
Sétimo	Violeta	Era da liberdade, transmutação, purificação	Arcturus/Diana	Liberdade pela ascensão. A constância dos apelos fará a libertação

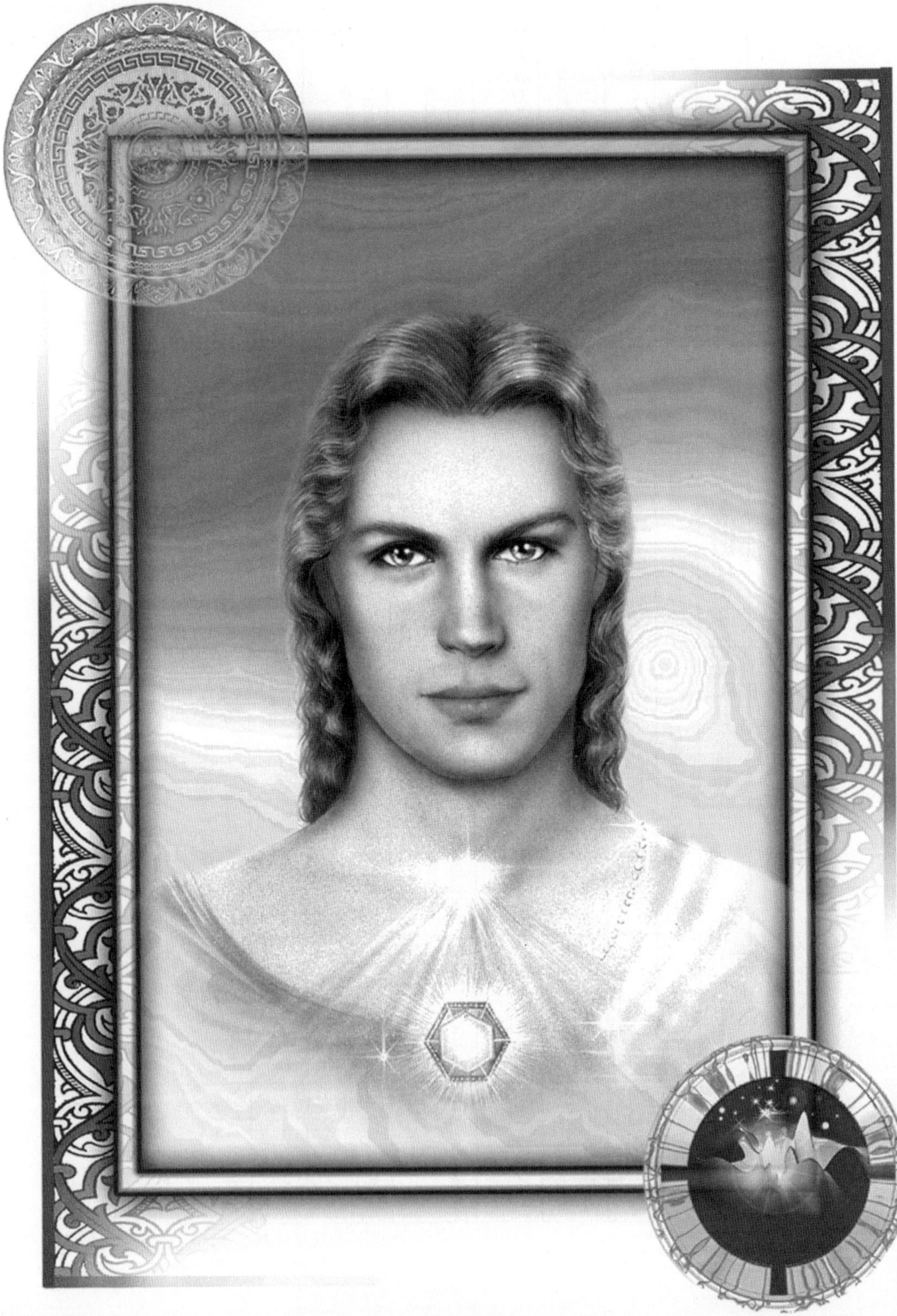

CAPÍTULO 5

Anjos
Plano dos Sentimentos

"Eu usei os raios de luz para avisar.
Eu usei as nuvens para dizer que o Todo Poderoso estava presente.
Eu usei as montanhas para fazer o homem acreditar na beleza que o mundo está lhe oferecendo
Eu usei as águas do mar para o homem acreditar que ele poderia se limpar e ser quem ele é.
Eu usei a bela face de uma criança para recordar ao homem a sua capacidade de amar.
Eu usei o amor como veículo e canal para libertação.
Eu usei o coração do homem para fazê-lo mais homem e, portanto, mais Deus.
Eu usei o coração do homem para despertar a sua fé e a sua crença no amor infinito.
Eu usei as mãos do homem para ele aprender a amparar aqueles que estão perto.
Eu usei os braços e a alma do homem para que ele pudesse acolher junto a si aqueles que sofrem.
Eu usei o homem para que ele descobrisse a si mesmo, que ele é o Divino Encarnado.
Eu sou Arcanjo Gabriel e chamo vocês para o despertar da sua consciência e da sua Luz.
Quero chamá-los para o despertar do profundo amor que deve habitar em seus corações, e fazer, através desse amor, a limpeza da sua alma.
É tempo de despertar, meus filhos. É tempo de acordar para a grandeza da manifestação desse momento único na Terra, pois

sempre será único quando o homem respirar o alento divino que lhe traz à vida.

Estamos trabalhando para a ascensão, e trabalhar para a ascensão quer dizer trabalhar para o despertar do amor.

Trabalhar pela ascensão, no meu caso, é trabalhar pela purificação do Espírito Crístico que habita em cada um de vocês.

O trabalho é feito com as suas mãos, mas através do meu amor.

Recebam a Mim.

Recebam as bênçãos que as minhas asas devem deixar."

*Mensagem enviada pelo Arcanjo Gabriel,
Quarto Raio – Chama Branca.*

Esta mensagem foi recebida com muita emoção pelos presentes na reunião do Alpha Lux. Muitas pessoas ainda não conhecem profundamente os ensinamentos da Fraternidade Branca, mas como a linguagem dos anjos é a do coração, tudo o que o Arcanjo Gabriel falou foi profundamente sentido.

Conta a história bíblica que o Arcanjo Gabriel anunciou a Maria sua concepção e a chegada do Cristo como salvador.

Qual seria sua linguagem senão a do amor?

Quais seriam suas palavras senão as do amor?

Havia entre nós uma profunda comoção, e ficou claro que o que nos tocava eram os sentimentos, a energia emanada por esse ser.

Na ocasião eu me perguntava se tínhamos merecimento de estar em contato com uma potência espiritual tão bela...

Hoje compreendo que todos somos chamados ao despertar, e nas seguintes colocações ofereço ao amigo leitor as descobertas que fiz instruída por esses seres tão especiais.

Os tão adorados anjos, que na história humana estiveram profundamente ligados à religiosidade, agem no plano sutil, no mundo dos sentimentos, onde orientam os homens encarnados por meio das forças invisíveis dos sentimentos.

Para nós, humanos, o sentir sempre caminhou junto com as emoções, e muitas vezes confundimos estas duas formas de perceber a vida, o mundo e as pessoas. Agindo assim tudo se complica, pois devemos esclarecer que sentimento e emoção são coisas distintas, ainda que interligadas em nossas vidas.

O amor e a paixão, por exemplo, são situações bastante diferentes. Apesar de muitas vezes um grande amor despertar com uma paixão, se não for um sentimento real não durará. Devemos lembrar que enquanto a paixão é um desdobramento emocional que aprisiona, o amor deve libertar, potencializando nossas próprias capacidades.

O ser humano procura o amor do outro, a aceitação do outro, e muitas vezes quando não encontra ressonância no parceiro escolhido decepciona-se, e sofre por amor...

Na realidade, esse não vem a ser um sofrimento novo. Quem se deixa levar pelas emoções e acredita amar já estava sofrendo antes... Esse alguém, provavelmente, já não amava a si mesmo antes desse relacionamento, já não se respeitava antes de conhecer essa outra pessoa. Assim, o outro com o qual ele se relacionou acabou sendo apenas o reflexo da sua própria energia de falta de amor.

Todos nós estamos ainda muito distantes da nossa autoaceitação e, ainda pior, muitas vezes não sabemos que podemos nos amar, e nem sequer nos damos o direito de reconhecer nossas capacidades, o que nos conduziria a um sentimento amoroso para conosco.

Infelizmente, muitos entre nós não têm quase nenhuma consciência de quem são, e acabam apostando tudo no outro. Os Mestres ensinam que se num relacionamento não se desenvolver um sentimento verdadeiro, a ligação fatalmente acontecerá pelos embaraçados laços da ilusão que a paixão oferece e, sem dúvida, haverá sofrimento, pois só o amor é real, só o amor liberta, porque só ele vibra nos mundos superiores.

Devemos nos capacitar na arte de amar como os anjos ensinam: amar de forma desprendida. Este exercício de amor deve começar por nós mesmos.

Os anjos ensinam que não precisamos impor condições para amar a nós mesmos... Não precisamos esperar passar num concurso para amar a pessoa que somos. Não precisamos emagrecer para nos sentirmos felizes.

Padrões de beleza, de sucesso, de realização são coisas do mundo material, portanto, situações passageiras e mutáveis.

Você, quando ama, não ama apenas o corpo ou a carreira de alguém. Quando você ama, normalmente ama porque se identifica com a energia da pessoa. Assim é o amor: uma troca de energia, que chamamos de sentimentos.

É importante compreendermos a libertação que o amor oferece e que os anjos nos ensinam.

O amor nos liberta quando nos faz sentir fortes e aceitos.

O amor realça nossas capacidades, mostrando a nossa própria luz.

O amor faz com que possamos ver a nós mesmos sob a ótica da luz da Chama Rosa. A ótica da perfeição do amor.

Você já deve ter ouvido falar que "quem ama o feio, bonito lhe parece". Mas, afinal, quem é feio ou bonito?

A visão espiritual nos diz que cada um, dentro de suas capacidades, poderá sempre melhorar e ser mais feliz; e que a felicidade embeleza, então somos todos belos sob a ótica do amor...

Para melhorar a nossa autoestima e nos fortalecermos na capacidade de amar, não precisamos necessariamente encontrar um parceiro que nos ame. O que normalmente acontece, quando procuramos uma pessoa para trocar e nos amparar num momento em que estamos nos sentindo por baixo, é que encontramos alguém que está na mesma vibração, portanto, tão infeliz quanto nós mesmos, e incapaz de oferecer-nos aquilo que procuramos.

Devemos sempre lembrar que sentimento é energia. Portanto, amor também é energia.

Quando estamos entristecidos com a vida, a energia que emanamos à nossa volta é obscurecida pela dor, pelo egoísmo, e assim atraímos exatamente o reflexo daquilo que estamos oferecendo para o mundo. Porém, mudar a frequência vibratória pode ser difícil. Tenho visto, por meio do meu trabalho com Vidas Passadas, que não é tão simples como pode parecer, mas também não é impossível.

Invocar a presença do mundo angelical, mundo dos sentimentos superiores, no qual a Fraternidade Branca atua, fará a necessária abertura de canais que poderão fazer a sua ligação com os sentimentos nobres e puros como o amor, e assim libertar você dos aprisionamentos aos mundos inferiores.

Rezar, chamar pela luz dos seus protetores espirituais aproximará você da felicidade de amar e ser amado.

Deus nos ama de forma incondicional. Não importa que sejamos feios ou bonitos, realizados ou pessoas comuns.

Os Mestres nos amam porque reconhecem em nós a nossa capacidade de amar, ainda que temporariamente adormecida.

Os anjos vêm ao nosso encontro para nos fortalecer justamente na capacidade de amar.

No Universo que Deus originou à sua volta, os anjos representam uma parte que se manteve unida ao sentimento emanado do Altíssimo. Não houve, no caso dos anjos, nenhuma interferência dissonante e assim, seguindo a orientação superior, eles se mantiveram completamente puros no seu desprendimento para o amor, e é isso que eles vêm nos ensinar.

Como a Hierarquia Angélica se encarregou de cristalizar no mundo dos sentimentos a manifestação do poder divino, seus anjos mais poderosos, conhecidos como Arcanjos, receberam a tarefa de levar essa poderosa mensagem com o despertar dos sentimentos superiores aos outros seres criados por Deus, a saber, nós, seres humanos.

A energia divina começa a descender dos mundos espirituais, pela potência dos anjos de luz que, para alcançar a matéria, usam o caminho do coração. São os anjos, portanto, os responsáveis pela manifestação da vontade divina e isto é feito pelo despertar do amor. São eles que estão o tempo todo nos incentivando a amar, a perdoar, a compreender, a ajudar...

Não existiria mundo, se acaso não houvesse amor.

Pela interferência desses seres, construtores de mundos, a matéria foi gradualmente sendo colonizada por inteligências vindas diretamente da mente divina, porém neste desenrolar da criação, os anjos se mantiveram imaculados. Desta forma, no decorrer das eras, o homem como hoje conhecemos veio se desenvolvendo na face do planeta, nunca solitário ou esquecido pelos mundos de luz, pois os anjos sempre estiveram por perto.

Todos os universos criados pelo divino receberam a interferência da Hierarquia Angélica, que é a responsável pela sustentação da vida. E ainda assim, protegidos pelo amor, os anjos se mantiveram intocados pelas divergências que naturalmente aconteceram, pois eles não vivem a mesma condição evolutiva pela qual as outras espécies se sujeitam. Os anjos têm sua própria orientação de crescimento e aprendizado. Não são melhores e nem piores que outros seres, são apenas diferentes, com desafios diferentes, que não nos cabe julgar, pois jamais seríamos capazes de compreender a totalidade da atuação da mente divina.

Naturalmente, sentimos pelos anjos um profundo vínculo amoroso, pois são eles que penetram o nosso coração e nos ensinam a amar.

Junto à Fraternidade Branca alguns seres angélicos trabalham instruindo a humanidade que a eles recorre em busca de auxílio e consolo. Amorosamente, nos ensinam a amar e trabalham incansavelmente para despertar o mundo adormecido dos nossos sentimentos superiores.

Devemos abrir um parêntese e explicar o que vem a ser um anjo mau:

Esta é uma ideia bastante simples de ser compreendida quando abstraímos o pensamento, pois o anjo mau representa o mau uso que o homem faz de sua força de amar, atraindo para si energias que estão no plano sutil sem uma direção superior. Assim, um anjo mau pode ser representado por um espírito perdido, pode ser também alguma alma desencarnada que se aproxima de você por estar em sintonia com as suas crenças e com sua vibração. Já que não podemos ver claramente o que acontece no plano espiritual, podemos nos confundir, acreditando que uma entidade sem luz é um amigo espiritual. Sentimentos egoístas atraem no plano sutil o que está vibrando na mesma sintonia. Nossa única proteção contra esse tipo de vibração é a consciência que deve sempre estar atenta a tudo o que sentimos. Somos nós os responsáveis pelo mundo que criamos à nossa volta e também por tudo o que está dentro de nós. Em última análise, você cria a presença de um anjo mau sintonizando sua energia no sofrimento.

Desejar realizar alguma coisa realmente é um sentimento legítimo de alcançar a felicidade e de concretizar os sonhos. No entanto, para isso é preciso termos a consciência de não ser em hipótese alguma egoístas, querendo as coisas apenas para nós, ou que a vida respeite nosso curto ponto de vista.

É preciso amar, pensar grande e livre. Assim, naturalmente o homem está apto a abrir-se à realização.

Lembre-se também que não forçamos ninguém a nos amar, pois amor não se força, nem se conquista. O amor é um sentimento que flui naturalmente.

O egoísmo, ao contrário do amor, desperta as sombras e potencializa nossas más qualidades, nos aprisionando às emoções conflitantes e negativas.

Procure analisar sua vida.

Quando você realmente amou?

Quando você se desprendeu de algum conceito ou ideia e permitiu que a vida fluísse?

Normalmente agimos exatamente ao contrário, tentando controlar as coisas.

Devemos compreender que, quando nos entregamos à vontade divina, as coisas fluem, e para isto é preciso deixar fluir os sentimentos e não tentar forçar uma situação.

Quando algo ou alguém que queremos não está a nossa disposição, devemos respeitar essa condição natural que a vida nos coloca. Não adianta lutar.

Quem luta, luta com as emoções e fatalmente irá perder. Enquanto quem ama deixa fluir os sentimentos, e sempre vencerá, pois qualquer que seja a solução será melhor viver o que naturalmente nos acontece, do que nos aprisionar ao mundo das ilusões.

Quando você está forçando algo em sua vida, tome cuidado, pois desta forma você não está amando suas ideias; pode estar, inclusive, usando muito mal a energia divina, tentando manipular o objeto de sua afeição.

Lembre-se de que o amor flui da forma mais natural possível.

Observe a vida à sua volta. Na natureza, os ciclos se completam sem que precisemos nos preocupar. Ninguém se preocupa se o sol no dia seguinte irá brilhar, ou se a noite irá se encher de estrelas como sempre acontece. Assim deve ser a realização de nossas ideias. Tudo deve fluir de forma fácil e leve.

Felizmente, como o sentimento é uma energia, podemos trabalhar pela nossa purificação, e assim poderemos nos capacitar para amar. Se entendermos que sentimento é vibração, então devemos trabalhar para mudar nossa frequência vibratória, e a forma disto acontecer é abrindo nossa mente e o nosso coração para uma nova energia nos acolher.

Com relação a este assunto, recebi a seguinte comunicação, que a todos emocionou e que aqui transcrevo, no desejo de partilhar mais esse belíssimo ensinamento:

"Eu sou Pórtia, complemento divino de Saint Germain, e venho fazer o fechamento da reunião de hoje, por ordem e decreto dos Mestres.

Queremos que todos os presentes deem as mãos, como símbolo do grande amor que une os componentes da fraternidade. Aproximem-se, com as mãos dadas, invocando a Divina Presença Eu Sou.

Partilhem desse momento de profundo amor, das dádivas que estamos colocando sob vocês.

Estamos, neste momento, trabalhando seus corpos sutis; trabalhando pela sua ascensão, para a libertação.

Porque adentrarão nesta grande nave as pessoas que se mantiverem unidas por um único laço, que remove todas as sombras, que abre todas as portas, que é o Amor.

Amem-se, meus filhos.

Amem-se...".

Em seguida, pela primeira vez fomos visitados por um ser do mundo angélico, que se apresentou assim:

"Eu sou Ametista, complemento divino do Arcanjo Ezequiel, Sétimo Raio – Chama Violeta, da libertação, e quero apenas lhes dizer que eu vos amo".

O sentimento, a vibração emanada por eles, foi tão intensa que muitas pessoas presentes na sala se emocionaram, como crianças, sendo acariciadas pelo pai. Silenciosos, permanecemos ouvindo, e sentindo a presença dos seres espirituais que estavam ali se apresentando.

O próximo foi Arcanjo Jofiel:

"Eu sou Jofiel. Arcanjo do Segundo Raio – Chama Dourada, Sabedoria.

Estou abrindo em cada coração aqui presente as portas do amor.
Devemos trabalhar o sentimento do amor.
O amor fará a ascensão.
Derramo minhas bênçãos e abro as minhas asas de luz para protegê-los e amá-los. Aqueles que sensíveis são sentirão a minha face tocando as faces de vocês, e as minhas mãos tocando seu coração, abrindo as portas que ali se encontram fechadas; fazendo com que o coração seja limpo das dores.
Que as lágrimas que vêm aos seus olhos sejam as lágrimas de amor.
Que o crescimento que venha a cada um de vocês seja feito através do amor.
Há uma imensa dádiva no nascimento humano, pois assim como o homem se perde em campos de batalha, em guerras, em ilusões de dor, ele também pode se achar em fraternidades que trabalhem o amor. Pode encontrar os irmãos, os amigos, o afeto e o aconchego do amor.
Libertem-se através do amor".

Estávamos tão silenciosos que podíamos sentir a vibração à nossa volta. Mais um dia de trabalho espiritual foi encerrado em Alpha Lux, deixando-nos com a mais absoluta sensação de conforto.

Tabela Padrão – Anjos

Raio	Chama	Características	Arcanjo	Características	Características
Primeiro	Azul	Poder divino, força	Miguel	Espada, ação	Entrega da vontade humana à vontade divina
Segundo	Dourada	Sabedoria, compreensão	Jofiel/ Constantina	Cristalização das ideias	Entrar em contato com a sua sabedoria
Terceiro	Rosa	Amor divino, delicadeza, compreensão	Samuel/ Charity	Amar a Deus para fortalecer a fé (adoração)	Despertar o amor
Quarto	Branca	Pureza (plano imaculado), ascensão	Gabriel (Mensageiro de Deus)	Traz a esperança e a ressurreição	Chama da ascensão, queima do carma
Quinto	Verde	Verdade, inteligência, cura	Rafael	Trabalha com a cura, dedicação, aprender	Limpeza e despojamento para receber a verdade
Sexto	Rubi	Paz, amor, devoção	Uriel/Donna Graça	Trabalham pela paz e a misericórdia, ajudando a quem necessitar	Compaixão e misericórdia
Sétimo	Violeta	Libertação, transmutação, purificação	Ezequiel/ Ametista	Desembaraçam as situações, trazendo alívio e libertação	Não só traz a transformação, mas a organização da vida para poder "ser livre"

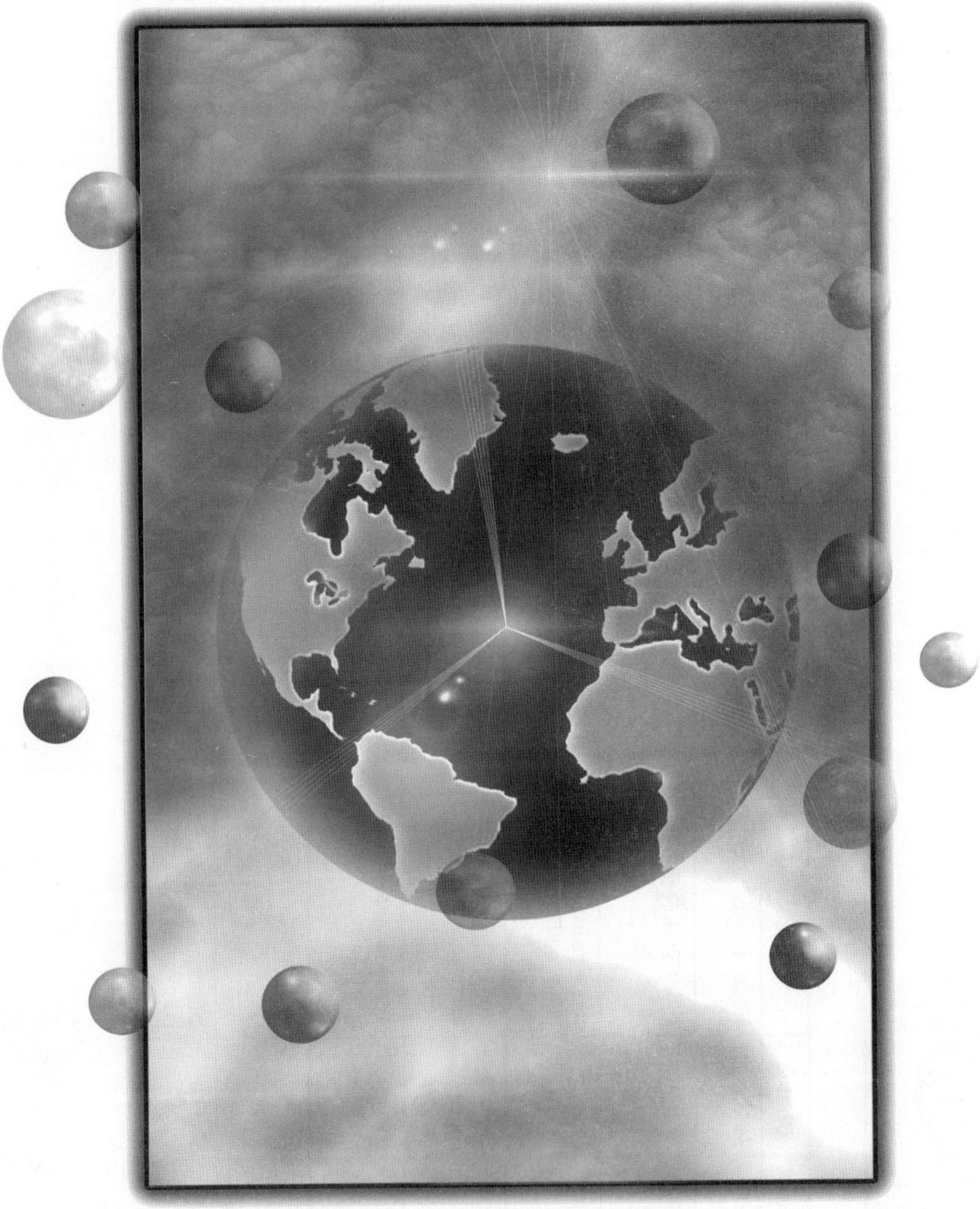

CAPÍTULO 6

Homens
Plano Físico

"E nós perguntamos:
De quem são essas mãos?
De quem são as mãos que fazem os campos brotarem?
De quem são as mãos que fazem o mar se revolucionar em suas águas?
De quem são as mãos que aliviam a dor daquele que sofre?
De quem são as mãos que acariciam o coração daquele que sofre?
Eu diria a vocês, meus filhos, essas mãos são a manifestação do Divino. Desenvolvam este amor através de suas almas caridosas. Vocês são almas que trabalham pela evolução, pela sua própria evolução. E trabalhando pela sua evolução, vocês estão trabalhando pela evolução planetária e diria que até pelo crescimento de todo esse Universo.
O homem está aqui, sendo homem para aprender que ele é a manifestação do Divino, que ele foi criado à sua imagem e semelhança. E lhes digo que vocês são a mão de Deus, a manifestação da mão divina.
É por causa das suas mãos que o outro sente alívio na dor; é por causa das suas mãos que o dia clareia mais uma vez, dando lugar às realizações, ao aprendizado, às muitas lições que vocês e os seus companheiros devem ter. Portanto, adorados filhos da minha luz, honrem as suas mãos, trabalhem, sejam Deus através das suas mãos, sejam homens, santos, puros como Deus o é.

Encontrem nos seus corações as respostas para as indagações mais profundas. Porque aquele que tem as mãos de Deus para agir também tem dentro de si toda a capacidade de ser Deus.

Eu sou representante da Chama Rubi, e quero que minhas mãos sejam suas, para que haja entre nós o entrelaçamento da luz divina, e o florescimento dos novos tempos."

Mensagem de Mestra Nada.

A experiência de estar encarnado e ter um corpo no plano físico não é, como alguns imaginam, um peso sem sentido. Devemos lembrar que somos seres espirituais se manifestando na matéria, e não o contrário.

Encarnar para nós apresenta-se como uma grande oportunidade, e uma interessante forma de aprendizado e, a despeito do que muitos pensam, não é um castigo. Sentimos a vida desta forma triste, pois estamos envolvidos nas mazelas, e desafios diários sem ter coragem de nos expandir.

Viver na matéria e aprender com as limitações é uma grande lição para o espírito, pois a densidade nos ensina a compreender as diferenças acobertadas pela nossa inconsciência. Somos ainda constantemente incentivados pela sabedoria divina a fazer nossas escolhas e nos suplantar, pois esse "homem luz", que deveríamos ser, deve escolher qual caminho seguir e agir.

O homem, como é dito nas religiões, foi criado à imagem e semelhança do próprio Deus. Poderíamos nos perguntar: por que então se perdeu em tantos desacertos?

Vamos pensar na nossa origem cósmica. Se somos filhos das estrelas, então devemos fazer parte de uma família espiritual, que como a família da Terra nos deixou traços e semelhanças?

Será então que fomos abandonados por eles?

Quem são eles afinal?

No meu trabalho de canalização de Vidas Passadas, muitas vezes as informações são muito profundas. Mas como há muitos anos me foi pedido, tenho tentado deixar a mente livre, e procurado aprender com as experiências, à medida que elas se apresentam.

Como bons professores que têm sido meus queridos Mestres, tenho provado o gosto suave do esclarecimento em doses homeopáticas, para poder melhor assimilar.

Eles têm me ensinado que também aprendem conosco. Voluntariamente, aprendem com nossa humanidade.

Eles ensinam que a nossa origem estelar nos confere traços de caráter e aptidões, da mesma maneira que a genética humana faz no plano físico. Quando encarnamos na Terra, que temporariamente deveria ser o nosso lar, nos esquecemos de nossas origens, mas não deixamos de nos parecer com nossos pais estelares.

Não fomos abandonados por eles, estamos na escola...

O trabalho da Fraternidade Branca é nos lembrar que somos seres espirituais, e com nossa consciência superior nos desatrelar da frequência vibratória que nos limita ao planeta Terra, e assim termos a chance de voltar a viver com nossas famílias cósmicas.

Estamos sendo convidados a deixar o berço, que a Terra amorosamente nos ofereceu, e que já não nos serve mais.

Crescemos... Ou melhor, estamos tendo a oportunidade de crescer...

A visita de um ser da Hierarquia de Órion:

Radha é o seu nome. Ela é minha velha conhecida, pois desde a época em que escrevi *Os Filhos de Órion* esse ser tem estado por perto, enviando mensagens, e me orientado no trabalho de aconselhamento em Vidas Passadas.

Radha, quando pela primeira vez se comunicou comigo, disse ser minha mãe. Senti um profundo amor e respeito por esse ser, e fiquei imensamente feliz por encontrá-la.

Como a maioria das pessoas, tive sérias divergências com a minha mãe no mundo dos homens. Nunca deixei de amá-la ou respeitá-la, mas nunca falamos a mesma linguagem. Aprendi a compreender melhor essas diferenças, pois não cobro mais de ninguém o desempenho perfeito no papel que a nossa humanidade assume. Finalmente entendi que nem minha mãe e nem ninguém têm de ser perfeitos...

Estamos mães, estamos filhos, quando na verdade somos irmãos...

Hoje sei que os desafetos entre as pessoas seriam amplamente minimizados se não cobrássemos uns dos outros a perfeição.

Quando comecei a perceber as possibilidades de expansão que o espírito oferece, deixei de cobrar dos outros posicionamentos que jamais poderiam assumir.

Compreendi que pessoas são apenas pessoas.

Seres humanos são apenas seres humanos, e estamos todos aprendendo com a nossa humanidade.

Radha veio me libertar de conceitos aprisionadores e limitantes.

Radha, mais do que mãe, se mostrou amiga, e me ensinou muitas coisas.

Aqui transcrevo sua primeira comunicação para o grupo em Alpha Lux:

"Que em cada Chama se consuma um miasma de dor.

Que em cada Chama se efetue a cura daquilo que foi pedido, daquilo que foi achado, porque o homem sabe de suas limitações muito melhor do que sabe de suas boas qualidades.

O que estamos para fazer aqui, o que a nossa Nave de Luz, Alpha Lux, veio fazer é trazer ao homem a consciência de que ele pode muito mais do que aquilo que ele pensa crer; que ele pode muito mais do que aquilo que ele acredita crer.

Viemos resgatar no homem a sua força, a sua coesão com o Divino, a sua habilidade de amar. Pois amar nada mais é do que uma habilidade, um dom que nasceu naturalmente no homem, mas que ele escondeu por detrás de suas máscaras, por detrás de suas crenças, por detrás de seus pensamentos defeituosos e de seus sentimentos conflitantes.

Queremos explicar um pouco aos amigos aqui presentes o que vem a ser "sentimento de amor".

Nós somos seres de Órion; nossa luz veio diretamente desta distante galáxia do planeta de vocês. Pedimos licença à Grande Fraternidade para podermos dar a nossa contribuição, pois aqui fizemos a primeira semeadura de vida, e por ela somos ainda responsáveis.

Órion foi a primeira Hierarquia que tocou a face deste planeta, e deu vida aos seus filhos.

Vocês são os nossos filhos, os filhos de Órion. Os filhos da minha luz, os filhos do meu próprio Ser.

Meu nome é Radha.

Eu sou uma Matriarca; um ser que trabalha atualmente no despertar dessa humanidade.

Estou chamando aqueles que são meus filhos, aqueles que vão voltar para Órion, para voltar para sua casa, voltar para sua essência de luz, para começarem o quanto antes a praticar o grande dom, que é o dom da Verdade.

*Quero dizer a vocês: pratiquem a verdade, amem a verdade.
A verdade faz a libertação.
A verdade faz o homem descobrir a sua potência amorosa.*

A minha Hierarquia, os seres de Órion, não têm forma física na terceira dimensão, mas, vez por outra, manifestamos as nossas naves de luz em avistamentos que alguns de vocês aqui presentes já tiveram.

Nossa naves formam figuras geométricas, e essas figuras geométricas se manifestam no céu. No céu das estrelas que vocês conhecem.

E assim nós queremos o quê?
Potencializar em nossos filhos a sua força, o seu amor, a sua fé.

Estarei presente durante todos os trabalhos, fazendo o meu trabalho que é o resgate.

Eu sou uma semeadora de vida e neste momento venho aqui resgatar as minhas sementes".

Fui ensinada por esses amigos estelares a imaginar a humanidade terráquea habitando uma esfera de aprendizagem, pois antes do homem ter uma forma definida, no que chamamos de Terceira Dimensão, ele viveu nos mundos espirituais.

Encarnar na Terra, junto a seres que espiritualmente são completamente diferentes de suas origens, é a oportunidade de conviver com essas diferenças e desafetos, e assim desenvolver as capacidades superiores do amor.

Nosso planeta não foi povoado apenas por seres vindos de Órion. Muitas outras hierarquias enviaram para cá Seus cientistas, deixaram aqui seus filhos e as marcas de sua passagem.

Somos filhos das estrelas e oriundos de diferentes galáxias, portanto é claro que pensamos, sentimos e agimos de forma distinta uns dos outros.

O corpo físico é uma espécie de uniforme que ocupamos para treinar a convivência harmoniosa entre as mais diversas hierarquias. Como todos somos filhos de um só Deus, devemos aprender com o seu exemplo, o exemplo do amor.

Para o Divino não existem seres melhores ou piores, todos são importantes, e em alguns casos até complementares.

Devemos esclarecer que a Lei Cármica não rege apenas o nosso sistema planetário, mas todo o Universo. Antes até de termos um carma que nos liga à Terra, temos um carma enquanto seres espirituais que somos. Por isso não devemos jamais encará-lo como algo punitivo ou restritivo. O carma é a lei que nos ensina por meio de nossas ações.

Compreendi, pelas aulas com esses seres interdimensionais, que aprender na Terceira Dimensão, ocupando corpos humanos, nos credencia a evoluir em nossos mundos de origem, por isso a convivência entre pessoas é normalmente tão difícil quanto necessária.

Quantas vezes tentamos nos comunicar com alguém que não nos compreende, ainda que usemos a linguagem mais simples. Isto acontece porque não estamos usando a linguagem universal do amor. Falamos com a mente, falamos por intermédio dos nossos interesses, falamos com nossos medos.

Estamos na Terra treinando para nos comunicar como Deus, para nos comunicar pelo amor...

Assim o ciclo se completou. Os Elohins deram forma, por meio dos pensamentos, à luz divina. Os Arcanjos ajudaram a manifestar a Vontade Divina no plano mais denso, pelo desenvolvimento dos sentimentos superiores. E os Chohans, que um dia foram homens encarnados, ascensionaram, tornando-se Mestres de sabedoria, ensinando com o exemplo de que todos podemos voltar a vibrar junto à Divina Presença, Eu Sou.

"Um homem perfeito para um mundo perfeito."

Tabela Padrão – Homens (Mestres)

Raio	Chama	Mestre(a)	Características	Local
Primeiro	Azul	El Morya	Poder divino, força	Templo na Índia (aos pés do Himalaia) Darjeeling
Segundo	Dourada	Kuthumi, Lanto	Sabedoria, compreensão	Vale cercado de flores/Luz do Sol
Terceiro	Rosa	Rowena (Paulo Veneziano)	Amor divino, delicadeza, compreensão	Chateau Liberte – Jardim de Rosas
Quarto	Branca	Seraphis Bey	Pureza (plano imaculado), ascensão	Templo de Luxor – Egito
Quinto	Verde	Hilarion (Paulo de Tarso)	Verdade, inteligência, cura	Templo na ilha de Creta/Grécia cercado por imenso jardim
Sexto	Rubi	Jesus, Nada	Paz, amor, devoção	Templo numa enorme montanha de rubi. Chama rubi reluz através de uma enorme pérola rosada, cercada de dourado
Sétimo	Violeta	Saint Germain, Kuan Yin (Deusa da Misericórdia), Portia	Era da liberdade, transmutação, purificação	Palácio de Saint Germain e seu jardim simétrico. Não só traz a transformação, mas a organização da vida para poder "ser livre"

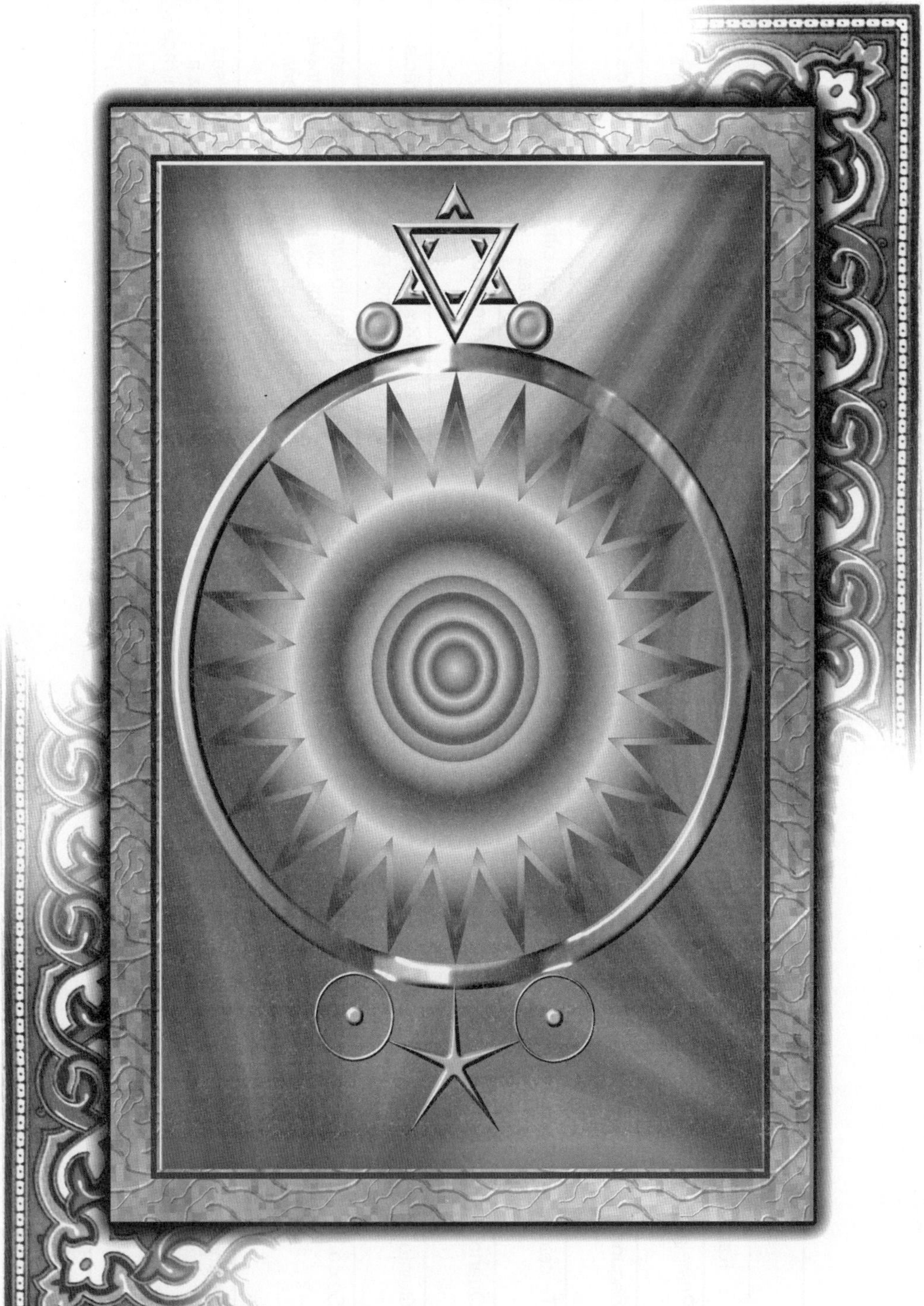

CAPÍTULO 7

A Presença do "Eu Sou"

O Divino em Nós

"Quando alguém ousar repetir 'Eu Sou O Que Eu Sou', que saiba o que está falando, senão vocês são piores que crianças ou papagaios. Pois mal usam a palavra, o verbo divino."
Mestre El Morya.
"Nos queremos que os nossos filhos exercitem a presença 'Eu Sou'.

Há um mundo de possibilidades reservado a cada um de vocês, há um mundo de alegrias reservado a cada um de vocês. Como pintores inábeis, vocês sujam as telas de suas vidas se impressionando com os próprios borrões. Nós, como Mestres do espírito, viemos ensinar como pintar os seus quadros, como enxergar em suas telas a perfeição, como manobrar mais habilmente este pincel que causa as impressões da sua vida.

O pincel da vida, meus amados filhos, é fruto das suas mãos. Aqui já estivemos um dia falando de mãos e hoje vamos falar das impressões. Vocês não devem se impressionar com o mundo aí fora, com a maldade do mundo, com as pessoas que fazem coisas erradas e com as suas próprias atitudes erradas.

A Fraternidade Branca não trabalha com a culpa; a Fraternidade Branca não trabalha com o erro. Nós estamos vindo e ensinando aos nossos pupilos a trabalhar com o ser, com o acerto. A trabalhar com a luz, com a crença, com a purificação e com a verdade. Observem os atos de vocês, procurem cada vez melhorar mais e, quando errarem, não se assustem. Não se assustem com as suas própria imperfeições; quando errarem, mudem, transformem os erros em acertos. Procurem sempre analisar em suas vidas as coisas boas, e naqueles momentos em que vocês se perderam, se endividaram, se complicaram transformem-nos em aprendizado. Entendam isso como um rascunho, como aquele pintor que, antes de criar o seu belo quadro, para atingir a perfeição, desenhou mil rascunhos em carvão, em preto, e sujou as mãos, o rosto. Sujou até a roupa.

Compreendam os esboços que vocês fizeram de suas vidas e comecem, agora com mais maturidade, com mais entendimento, a pintar as suas vidas, a transformá-las, dar um colorido nelas.

E como se colore vidas? – Alguém me perguntou e eu respondo: Com amor-próprio. Não esperem nunca dar amor ao outro, sem amar a sua divina presença 'Eu Sou'. Porque vocês não serão capazes de amar ao outro se não reconhecerem em vocês mesmos o seu Cristo interno, a sua luz, a sua capacidade de agir digna e amorosamente.

Como os mestres ensinam as crianças, eu venho lhes pedir e ensinar: não falem palavrões. Não porque temos uma visão pudica deste mundo, porque não é isso. Nós conhecemos o lado bom, o lado mau, o lado certo e o lado errado de todos os seres humanos, porque nós já fomos humanos.

Queremos explicar que as más palavras, as palavras proferidas com grosseria, com desafeto, ferem a sua divina presença 'Eu Sou'. Vocês ficam com brechas no seu corpo sutil, na sua aura, e aí, com suas más palavras, penetram energias negativas, energias daninhas. Por isso o homem sábio, o que se aproximou de Deus, ele é bom e suas palavras são boas, porque ele respeita a Sua divina presença.

Respeitem a Sua divina presença, não falem mal de si, não falem mal dos outros e tampouco olhem o errado dos outros. Errado sempre haverá à sua volta, para lhes mostrar o que é correto. Observem que às vezes a vida lhes coloca junto a uma pessoa completamente avessa à espiritualidade, à consciência de Deus. Isso acontece para você respeitar mais a si mesmo, para você guardar o silêncio, para ver o quanto evoluiu e o quanto ainda precisa evoluir.

Meus queridos filhos, vocês estão como alunos numa escola para aprender. E eu estou aqui como um professor do espírito, para ensinar e para amar, porque aquele que ensina amando, aquele que acolhe, aquele que tem dor com amor, reconhece e expande a sua divina presença 'Eu Sou'.

Eu venho lhes dizer para amar. Amem a si mesmos, amem seus filhos e os seus pais, amem os seus acertos e os seus enganos. Porque somente amando vocês serão capazes de colorir as telas de suas vidas. E não se irritem com os seus rascunhos e tampouco os rasguem ou queimem. Não se desfaçam do seu passado, não maldigam aquilo que já foram, porque tudo é importante. Tudo, absolutamente tudo, todos os enganos, todos os malditos, todos os esquecidos, todas as dores, todas as doenças, tudo isso foi importante para que vocês aprendessem.

E nestes esboços, pintados de carvão, sujos, esquecidos, amarrotados, está o aprendizado. São esses esboços que fizeram de vocês, hoje, as pessoas que são.

Nunca tenham vergonha da sua história, porque é ela que permite que hoje vocês sejam quem são. Por isso não trabalhamos com culpa, mas sim com perdão.

Eu sou Paulo, trabalho a serviço da Chama do amor, da Chama Rosa, e venho lhes falar, como um pintor que fui, sobre a técnica do amor. Amem e expandam a sua Chama Rosa, a sua Chama Rosa do amor e da perfeição.

Meus queridos filhos, mais uma vez eu digo que lhes amo. E, como um pai, beijo as suas faces e os seus corações. Recebam."

Mensagem de Mestre Paulo.

Logo no princípio da minha caminhada em busca de respostas sobre os infortúnios de minha vida, deparei-me com uma forma muito diferente de ver a mim mesma. Lembro-me de que a primeira vez que li um discurso de Sai Baba, ele começava chamando a todos de "encarnações do amor"...

Fiquei espantada com a maneira como um ser de luz como Sai Baba se referia a nós humanos: "encarnações do amor"!

Como não acreditava em mim mesma como "encarnação do amor", me perguntava de quem seria o engano.

Com certeza ele não estava enganado, mas ainda assim não me sentia amorosa o suficiente para entender a mim mesma como uma encarnação do amor, e tampouco achava o mundo e as pessoas merecedoras desse título tão especial que suas palavras ressaltavam.

"Encarnações do Amor"...

Esta pequena frase ficou pairando em minha mente como um Mantra incompreendido.

Foi assim que pela primeira vez interiorizei a nossa descendência divina.

Talvez toda a minha perplexidade se deva à minha criação num infeliz sistema de crenças, baseado no medo e na culpa que o mundo ocidental nos oferece como berço. A verdade é que a maioria de nós sente-se incapaz de ver a si mesmo como um ser de amor, ou como um "filho de Deus". Afinal "fomos nós os responsáveis pelo derramamento do sangue do filho de Deus". Como então seríamos capazes de amar e de sermos amados?

Ainda que nos consideremos filhos, o somos somente na hora de pedir, pois o tempo todo estamos desejosos de alguma coisa. Nessas horas amargas chamamos a Deus como pai, mas não nos sentimos filhos desse Deus a ponto de nos comportarmos realmente como tal.

Ser filho de Deus é amar como Deus e compreender como Ele.

Deus é o princípio e o fim de toda a manifestação de vida. Assim, poderemos compreender melhor o que vem a ser a Presença Eu Sou exaltada pela Fraternidade Branca, que é a manifestação do próprio Ser Divino, dentro e fora de nós.

Independentemente do que possamos pensar, esta Consciência existe como um princípio luminoso, e cabe a nós acessá-la. Isto, no entanto, somente será possível com a sutilização da nossa energia e a mudança da nossa frequência vibratória.

Sempre, no meu trabalho com Vidas Passadas, explico para as pessoas que somos como um rádio no qual existem diversas estações com músicas e programações diferentes, e caberá a nós escolher em qual delas estaremos sintonizando nossas energias.

Nossa vibração é composta pelo nosso sistema de crenças, nossos medos, nossa fé ou da falta dela...

Claro que o processo de escolha que nos apontará onde nos sintonizarmos não será um trabalho puramente mental, e talvez também não seja fácil executá-lo. Devemos lembrar, entretanto, que nossa mente deveria estar a nosso serviço, e não ao contrário, como costuma acontecer. Seja como for, poderemos, com algum esforço, aprender a comandá-la.

Mudar a frequência vibratória poderá começar através de um processo mental de tomada de consciência. Para isso será preciso muita coragem e desprendimento, pois o primeiro desafio que enfrentamos é saber que em muitos aspectos de nossa vida estamos agindo errado, pensando errado.

Sabemos que ser humilde para aceitar nossas fraquezas não é fácil, e que muitos desistem logo no primeiro momento.

Por exemplo, você finalmente poderá descobrir que, depois de muitos anos de convivência difícil com seus pais, poderia ter atitudes diferentes diante deles.

Pode descobrir que, numa situação de discussão ou raiva, poderá permanecer calado, não revidar, não deixando que a energia negativa criada entre vocês circule por sua alma. Poderá, inclusive, se recusar a sentir raiva e, agindo assim, quebrar um círculo vicioso de comportamento. E esta atitude consciente de não brigar, não discutir e talvez não enfrentar, simplesmente o libertará do sofrimento. Desta forma, você usou a sua capacidade mental, primeiro para entender a situação e depois transformá-la.

Claro que isto é só um exemplo de como mudar uma frequência vibratória que atrelava a dor e a raiva a um relacionamento. Na verdade a vida é infinitamente mais complexa e existem diversos casos em que a situação é cármica, mas quero com isso explicar que todas as chaves de libertação estão dentro de nós, e normalmente são tão simples que nos recusamos aceitá-las.

Todas as chaves estão à espera de que tomemos as difíceis situações de confronto em nossas mãos e que assim possamos abrir nossos compartimentos, fechados pela dor. Mesmo que um problema seja trazido conosco como uma bagagem vida após vida, ainda assim o desafio é resolvê-lo e não ficar lutando com ele.

Mudar a frequência vibratória não é apenas agir diferente. Quando não enfrentarmos o inimigo, é preciso não guardar dentro de nós a raiva, a tristeza ou o desassossego.

É importantíssimo deixar de sofrer pelos enganos que estão à nossa volta. Quando esta atitude vem de dentro para fora, naturalmente deixamos de nos afetar pelo mundo à nossa volta. Consequentemente, mudamos de sintonia e nos libertamos.

Infelizmente, na maioria das vezes não somos capazes de tomar sozinhos as atitudes necessárias para uma mudança significativa, e vida após vida temos vindo repetir nossas lições.

Acredito que as diversas terapias que propõem autoconhecimento tornaram-se conhecidas para facilitar esse contato necessário com os mundos superiores de luz, onde as vibrações são infinitamente mais sutilizadas.

Tratamos nossas emoções e as suas desastrosas consequências em nossas vidas, quando na verdade o que está doente é a nossa alma, que se afastou das verdades espirituais que deveriam sempre apontar a luz.

Todas as vezes que desejamos orientar o nosso Ser Divino, nós nos colocamos em confusões, afinal quanto de nós está disposto a entregar a Deus uma solução difícil na vida?

Queremos de Deus a resposta de como fazer, e muitas vezes colocamos o carro na frente dos bois, querendo que Deus faça apenas aquilo que julgamos correto. Assim, não nos abrindo às soluções, estamos forçando a natureza.

É preciso um grande equilíbrio para discernir qual é o ponto em que devemos parar de trabalhar com a nossa própria energia e quando devemos nos entregar ao desígnio divino.

Infelizmente, o homem se confunde entre os desejos legítimos de sua alma e com o que sua mente limitada considera certo.

A seguir coloco uma mensagem do Mestre El Morya, que nos esclarece sobre a força da Presença "Eu Sou":

"Quando Deus criou o mundo, foram também criadas as formas espirituais, que viriam dar vida ao plano material. E muitas vezes, vocês, homens, se esquecem de olhar aquilo que há ao seu lado, aquele cenário de perfeição e beleza que foi criado à sua volta.

O Divino lhe fez infinitos presentes: presentes aos seus olhos, presentes aos seus ouvidos, presentes ao seu corpo, presentes ao seu espírito. E você, homem, incauto e egoísta, se ocupa dos seus pensamentos mesquinhos e dos seus desejos errôneos. Olhe ao seu lado, observe a natureza e receba os presentes que lhe foram dados.

Receba a beleza das flores, receba o perfume de uma mata selvagem, receba o frio da água, ou o calor do sol. Aprenda a se desligar de seus próprios mundos inferiores. Pois quem cria mundos e se aprisiona aos pensamentos inferiores, às mágoas, aos ressentimentos, às dores, às raivas, é o ego inferior desse homem, e não o homem na sua totalidade.

Queremos explicar hoje, filhos meus, o que vem a ser a Presença 'Eu Sou'.

A presença 'Eu Sou' é o divino no homem, é a luz do homem, é a fé do homem, é o amor do homem, é a crença do homem.

É Deus no homem, é o Espírito Santo no homem, é o pai e é o filho do homem. Portanto, não adianta vocês repetirem 'Eu Sou O Que Eu Sou', se vocês não são nada. Muito me decepciona quando ouço alguém falar 'Eu Sou O Que Eu Sou', quando na verdade: Eu sou um tolo, eu sou um egoísta, eu sou alguém que não compreende a grandeza do meu próprio ser.

Quando alguém ousar repetir 'Eu Sou O Que Eu Sou', que saiba o que está falando, senão vocês são piores que crianças ou papagaios. Pois mal usam a palavra, o verbo divino.

Observem suas vidas; o que vocês são?

O que eu sou?

O que é a Presença 'Eu Sou' em cada um de vocês?

Somente depois de terem se analisado, profundamente, é que vocês devem usar esse Mantra da sabedoria.

Quando nós oferecemos essa sabedoria ao homem, o Mantra 'Eu Sou O Que Eu Sou', queríamos que o homem dissesse:

Eu Sou Luz.

Eu Sou Perdão.

Eu Sou Amor.

Eu Sou Compreensão.

Eu Sou Sabedoria.

E vocês, se naquele dia, ou naquela semana ou naquele mês não forem nada disso, então não ousem repetir o Mantra 'Eu Sou O Que Eu Sou', porque vocês estarão reforçando comportamentos egoístas, crenças errôneas, pois 'Eu Sou O Que Eu Sou' quer dizer:

Eu Sou Luz.

Não é para repetir: eu sou ego, não.

Eu sou Deus.

E quem ousar falar 'Eu sou Deus', ousará também perdoar; ousará também compreender; ousará também amar; ousará também ser livre; ousará também ser próspero.

Quando ensinamos que a 'Presença Eu Sou' cura, é porque quem cura é a Presença Divina, é a luz da Presença 'Eu Sou', é a compreensão da Presença 'Eu Sou'.

Quando sugerimos, muitas vezes, que as pessoas deveriam estudar, não falo de muitos livros, de muitas leituras: falo de estudar a própria vida.

Os livros são muito importantes, mas não trazem mais do que a vida. E lembrem-se: livros foram escritos por homens, homens como vocês. E aquele homem que é mais homem, viveu, sofreu, chorou, teve compromissos, teve desacertos e perdoou. Foi pai e foi filho. Portanto, não queiram conhecer apenas com a mente o que devem conhecer com o coração.

Recebam os presentes que o Divino está enviando.

Recebam a nossa presença. Esse é o maior dia de estudo. Recebam nossa luz: nós a estamos disponibilizando em cada um de vocês. Em cada coração, estamos tocando com as nossas mãos, e isso vem a ser extremamente importante e muito, muito mais poderoso do que milênios de estudo e contato apenas mental.

A mente de vocês serve ao Ser Divino que os habita. A mente de vocês serve ao sentimento amoroso que habita em cada um. A mente é o seu serviçal, não o seu dono, não o seu patrão.

Ela é extremamente poderosa, mas mente, mas engana, porque o homem não transcendeu às suas próprias ilusões. Portanto, quando ousarem manifestar a sua Presença 'Eu Sou', sejam!

Amor.
Compreensão.
Perdão.
Sabedoria.
Luz.
Desprendimento.

Enquanto não conseguirem ser tudo isso, não repitam enganos, não assumam o seu egoísmo.

O amor divino é superior a qualquer outra espécie de amor. Portanto, falando da Presença 'Eu Sou', nós estaremos falando hoje do amor devocional.

Eu sou El Morya, e a forma que entendo a devoção é o respeito.

A forma que eu pratico a devoção é a reverência.

A forma que eu sinto a devoção é a entrega. A entrega da minha vontade inferior à vontade do Divino. Porque o Divino É. E eu trabalho para ser o que Eu Sou".

Neste dia especial, fomos assolados por maravilhosas informações sobre a força do Divino que está guardada dentro de nós. Seguimos com o Mestre Lanto, Chohan do Segundo Raio – Chama dourada.

"Enquanto Chit quer dizer consciência, Ananda quer dizer bem-aventurança, sabedoria e amor. Percebam, meus filhos, eu também venho lhes falar de amor devocional. Eu também venho lhes falar de entrega, da forma que, humildemente, um sábio pode ser chamado a falar daquilo que sente.

Eu trabalho a serviço da Chama da sabedoria. Eu trabalho a serviço do esclarecimento. Mas eu vos digo: não há esclarecimento, não há sabedoria se não houver amor, se não houver compaixão e perdão. As virtudes se completam e se complementam. E a luz, a colaboração do dourado da minha Chama, que posso oferecer à Presença Trina do Eu Sou, é esclarecer os corações, os sentimentos, as emoções. Para isso trabalha o sábio. Para isso trabalham aqueles que desejam servir à mente iluminada.

Saibam que o desafio de esclarecer uma mente é o maior dos desafios dos homens. Porque uma mente pode ferir mais que muitas espadas. Porque antes de ela apunhalar o outro, ela apunhala a si mesma, e o suicídio, para os mundos espirituais, é o pior crime. E saibam que vocês, em suas vidas, em seus momentos diários, em seus pequenos desafios, estão, praticamente, o tempo todo, boicotando as suas oportunidades. Isto porque estão pensando egoisticamente, pensando sem luz, e vendo a vida por meio da óptica, da compreensão suja e mesquinha da mente inferior.

A Segunda Chama, a Chama Dourada da sabedoria, pede, clama o despertar do homem para o saber que ama, para o saber que perdoa, para o saber que compreende, para o saber das suas necessidades e o saber das suas conquistas.

Vocês percebem por que um homem sábio ouve muito mais do que fala?

Vocês percebem por que um homem sábio, muitas vezes, não fala aquilo que sabe?

Há nisto uma profunda compreensão.

O silêncio é dourado e precioso, pois enquanto o homem não tem uma palavra adequada a falar, sugiro: silencie-se. Cale-se.

Aprendam a ouvir os murmúrios da natureza. Aprendam a ouvir, a perceber com a alma de vocês, aquilo que o outro está lhes falando, aquilo que o outro está lhes mostrando.

Vocês estão encarnados como seres humanos para interagir.

Um homem solitário, um homem que se retira nas montanhas, muitas vezes, se digladia, se debate com inimigos ainda mais poderosos que seus companheiros encarnados. A solidão não é boa conselheira. A solidão assusta, a solidão consome, porque este homem só não divide, não troca, não ouve, e, portanto, não doa.

Meus filhos, quando lhes é dada a oportunidade de trocar energias, de ouvir os outros, de compreender os outros, de brigar com os outros, conscientizem-se da sua humanidade. Conscientizem-se das suas incapacidades, pois esse espelho humano à sua frente, é que está lhes mostrando onde vocês precisam e devem se transformar.

Minha colaboração ao amor devocional, nosso tema de hoje, é dizer: reverenciem o Deus no outro. Reverenciem aquele que está ao seu lado, talvez lhe ensinando pela dor, mas ainda assim sendo veículo do amor universal.

Compreendam que esta consciência de Chit tem de lhes trazer Ananda, a bem-aventurança.

Compreendam que essa consciência inferior está em vocês, para que vocês descubram o quanto o seu verdadeiro eu, o seu ego inferior, poderá se tornar superior.

Eu sou Lanto, e reverencio a Chama Dourada da sabedoria."

Neste dia excepcional, recebemos ainda maiores esclarecimentos sobre a Chama Trina. Isso tudo vindo diretamente dos Mestres dos três primeiros raios.

Primeiro El Morya, depois Lanto, e finalmente, como a seguir transcrevo, Mestra Rowena:

"Há uma capacidade natural das águas.

Muitos aqui devem ter ouvido comparações sobre as águas e as emoções. Tendo consciência disso, vocês devem saber que este é o planeta das emoções. Este planeta é onde as pessoas, os seres que aqui estão encarnados, vieram aprender através das suas emoções.

Primeiro o homem se emociona, depois, sente. E depois é que se abre ao verdadeiro sentir.

Primeiro, há uma profunda emoção, uma emoção que toma o espírito, que toma a alma e muitas vezes o corpo. Depois, há o sentir verdadeiro.

Eu venho lhes falar desse planeta emoções.

Esse planeta que, todas as vezes que é tocado pelos momentos de transformação, os momentos diários de transformação, recebe a luz Rosa da Chama Trina. E aqui eu vos falo do amanhecer e do entardecer.

Observem o ar desses momentos. Observem o firmamento de um entardecer e de um amanhecer. Observem, se possível, com os olhos espirituais abertos, vejam a Chama Rosa tocando as águas do mar, e compreendam a profunda revolução que se dá nesse contexto da vida.

A Chama Rosa acalma, transforma, porque lhes fala de amor. Porque lhes fala de sentimentos superiores, sentimentos que o homem deve desenvolver. E a única forma, meus filhos, de desenvolver os sentimentos, é antes se emocionando. Então, se emocionem. Emocionem-se ao ver algo belo.

Permitam que as lágrimas saiam de vocês. Permitam que as suas emoções se despreguem de sua crosta, porque o homem, antes de ser um ser pensante, é um ser sensível, que por isso sente. Permitam que os sentimentos aflorem em vocês.

Saibam que não é nem um pouco fácil lidar com os sentimentos.

Em minha experiência na Terra, vivi em um mundo onde as pessoas estavam o tempo inteiro brincando e jogando umas com as emoções das outras.

Havia um conflito emocional muito forte.

Havia lágrimas de dor, traições, lares desfeitos, juras de amor eterno, que se desvaneciam no próximo dia.

Havia compromissos firmados e rompidos, e, nesta confusão de emoções, um treino do sentimento.

Eu, como Mestra do Raio do sentimento, falo a vocês do amor, porque fui treinada a amar. E, todas as vezes que vocês se desiludem, compreendam, estão treinando para amar. Estão treinando para amar a Deus. Pois esse Deus interno, e esse Deus que está no homem não irá lhes falhar. Falharão, sim, as personalidades, pois as personalidades são falíveis, completamente falíveis, assim como vocês também o são.

Vocês não são confiáveis. Vocês não são eternos, e nem eternos são os sentimentos de amor humano. Nem os sentimentos devem ser encarados dessa forma.

O único sentimento eterno é o sentimento do amor universal e desinteressado.

Portanto treinem as suas emoções.

Emocionem-se.

Deixem que as lágrimas venham. Deixem que as mãos se tornem trêmulas e que o coração, como uma manteiga, derreta-se.

O treino de ser pai, de ser mãe, de ser irmão, de ser amigo, de ser amante, nesse mundo que vocês vivem, nada mais é do que treinar as suas emoções. Vocês estão treinando se emocionar sendo pais, sendo filhos, sendo amantes, sendo amigos. Vocês estão treinando sentir para que o sentimento maior desabroche em vocês. Para que o sentimento de devoção seja criado em vocês.

O amor devocional, o amor ao ser vivente, o amor a Deus, que um dia pisou a terra. O amor a Deus que pisa na terra, neste momento, é a forma de sentir que liberta.

E quando a Chama Trina e a Presença 'Eu Sou' se levanta, em cada amanhecer ou entardecer, só pode ser vista em sua grandeza por aquele que sente.

Só pode ser sentida por aquele que vibra amor, por aquele que perdoa, que, por isso, compreende, e que, por isso, aceita.

Não queremos mais ouvi-los balbuciar 'Eu Sou O Que Eu Sou', enquanto nós sentirmos no coração de vocês que vocês não são nada além de joguetes egoístas da sua própria vontade.

*Ser o que são é ser Deus.
Deus com fé.
Deus com amor.
Deus com vontade.
Deus com sabedoria.
Por enquanto, meus filhos, sejam amorosos, sejam bons amigos, sejam bons filhos, sejam bons pais, sejam bons irmãos.
Nós somos chamados de Mestres da Fraternidade Branca, porque somos uma fraternidade, porque somos irmãos. E é isso que eu venho lhes pedir, em nome da Chama do amor.
Eu, Rowena, venho lhes pedir: treinem a irmandade.
Lembrem-se de quando eram crianças, das brigas que poderiam ter sido evitadas, dos desamores que poderiam ter sido poupados de suas vidas. E compreendam que essa infantilidade não amadureceu e não cresceu como vocês imaginam para libertá-los.
O corpo emocional, o corpo dos sentimentos de cada um de vocês, ainda engatinha como bebês. Portanto, trabalhem-se. Trabalhem na capacidade de amar. Trabalhem na Chama Rosa, pedindo que o amor venha a vocês e brote em seus corações.
Amar a Deus, amar a divindade, é uma forma extremamente fácil de criar essa semente no coração, e fazer com que ela cresça, se expanda e floresça. Por isso, as orações. Por isso, os Mantras. Por isso, a meditação. Por isso, a caridade. Por isso, todas as atividades que desejamos sejam gratuitas, para que todas as pessoas tenham a oportunidade de amar e desenvolver a sua arte do amor.
Deixo aqui o meu toque no coração de cada um de vocês.
Que a Chama Rosa os abençoe, e, todas às vezes que assistirem a um pôr do sol, vejam ali a Presença Eu Sou, realmente sendo. E, quando numa próxima vez, ousarem repetir esse Mantra 'Eu Sou O Que Eu Sou', sejam de amor."*

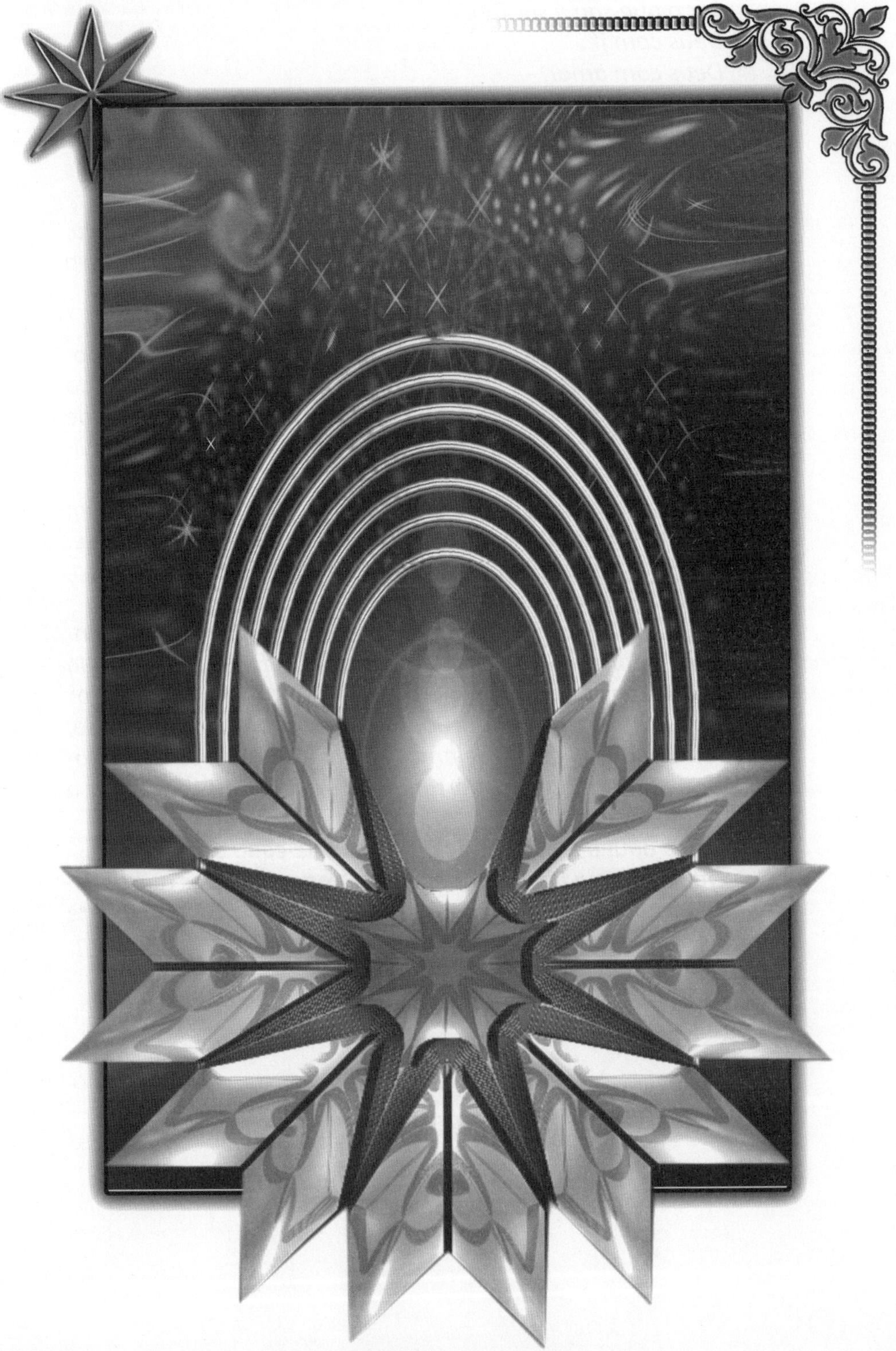

CAPÍTULO 8

O Poder das Chamas
A Luz dos Sete Raios

"Conta a lenda:
'Quem olhou as dobras do tecido não viu meu manto, viu apenas as dobras; quem olhou as solas dos meus sapatos não viu os meus pés, não viu os pés de um príncipe, viu apenas solas de um sapato. Assim são os olhos humanos; eles veem aquilo que está ao seu alcance, eles entram em contato com aquilo que podem ver'.
O que estamos fazendo aqui com vocês, meus amados filhos, é o despertar espiritual para que possam ver com o coração, para que possam ver através de suas próprias almas.
A alma de vocês não julga, não limita, não impede que as coisas aconteçam. A alma de vocês é livre e sábia, ela é feita de um elemento fluído de uma pureza incontestável. Portanto, meus amados filhos, estamos despertando em cada um de vocês o seu melhor potencial, a sua maior luz, a sua melhor capacidade.
As pessoas vivem atreladas ao passado, reclamando daquilo que não conseguiram resolver, ou atreladas ao futuro desejando que coisas aconteçam, e, infelizmente, se esquecem de viver o momento presente.
Vocês não se preparam para ser felizes no futuro, não se preparam para ser felizes amanhã. Vocês se preparam para ser felizes hoje, aqui e agora. É hoje que vocês vão realizar os seus grandes e os seus pequenos desafios, preparem-se então para viver o momento presente, o aqui e agora, e não tenham medo de vivê-lo, porque viver o passado é fuga, e viver o futuro também é.

A Chama Violeta é para ser usada para transmutar o seu momento presente. Tudo aquilo de que vocês têm medo e raiva, tudo aquilo que não querem enfrentar, coloquem na Chama Violeta. Vistam-se de violeta no plano espiritual, usem-na como uma armadura, como um desdobramento do seu amor, porque, ainda que a Chama Violeta os proteja, ela jamais afastará vocês dos seus encontros cármicos e dos seus compromissos. Ela aliviará a sua carga, mas fará com que vocês sejam capazes de cumprir o seu compromisso.

Nós não prometemos milagres, porque os milagres vêm de dentro do homem; não falamos de tirar o peso de vocês com as mãos, porque assim não estaríamos ensinando. Nós, Mestres da Fraternidade Branca, trabalhamos ensinando os nossos filhos a carregar a transformação e aliviar o peso dos seus compromissos, usando o amor.

Não neguem a si mesmos a capacidade de se transformar. Vocês vieram para ser felizes, amar e ser amados pelos seus semelhantes. Portanto, meus adorados filhos, fortaleçam-se na sua fé e recebam as bênçãos da Chama Violeta, que se derrama sobre vocês neste momento. Respirem profundamente e entrem em contato, através da visualização, com uma fonte de luz violeta exatamente à sua frente, e deixem que essa água da vida flua e os cure. Mentalizem e aproximem-se desta luz. Continuem fazendo esse exercício.

Eu sou Portya, e venho em nome da Chama Violeta lhes falar hoje da sua capacidade de ser luz."

Mensagem da mestra Portya.

As Chamas são elementos vivos, que compõem o Corpo Divino. Como compõem a essência da vida, constituem a realidade que nos cerca, tenhamos ou não consciência disso. À medida que o homem vai sutilizando sua própria natureza, vai se tornando mais permeável às energias que estão interagindo o tempo todo com ele, e assim torna-se mais capaz de se conectar ao mundo espiritual, e consequentemente com o poder transformador das Chamas.

Costumo explicar para meus clientes que somos os responsáveis pela sintonia que escolhemos viver em nossas vidas. Estamos, como quem ouve um rádio, sintonizados em alguma estação, sendo que a escolha da música que iremos ouvir é nossa, ou foi nossa. No entanto, muitas vezes não temos consciência de que pode haver uma escolha melhor do que aquela que fizemos anteriormente, e ainda que sempre possamos mudar, não nos sentimos capazes de realizar esta aventura.

É claro que sofremos também em função das nossas dívidas e acertos cármicos. No entanto, essa Lei não é imutável e fatalista como parece, pois sempre teremos maneiras diferentes de encararmos qualquer situação que nos cerque, e assim entendendo melhor as circunstâncias da vida poderemos desconectar as experiências do sofrimento.

Uma mudança no nosso estado de espírito poderá facilitar imensamente a nossa vida, pois a mudança é uma das forças superiores que estão a disposição do homem encarnado que, por desconhecimento de suas capacidades, esquece como usá-las.

Você, querido leitor, pode estar se perguntando: como mudar?

Como se desconectar de uma situação dolorosa que o cerca?

Como deixar de ver e sentir dor?

Poderemos, frente a uma situação cármica, nos recusar a sentir dor. Podemos nos recusar a associar uma situação difícil que estamos enfrentando com o sentimento de sofrimento.

Quando perdemos alguém que amamos, por exemplo, não temos como evitar a perda. Somos impotentes frente à morte, mas poderemos criar uma forma diferente de ver e sentir as experiências amargas...

Provavelmente você deve estar pensando que é mais fácil falar, do que fazer, mas ainda assim temos, inerente à nossa natureza, a capacidade para modificar nossa forma de ver a vida e mudar nossa maneira de viver.

Não fugimos do sofrimento, apenas lhe tiramos as armas.

Quando entendemos que somos uma alma tendo experiências na matéria, compreendemos que quanto mais estivermos conectados com a nossa alma mais felizes poderemos ser. Fica claro que não somos joguetes do destino, mas os autores e os atores na nossa historinha.

Claro que por falta de treino, não estamos preparados para fazer grandes escolhas ou grandes alterações, mas não devemos esquecer que mesmo as mudanças maiores estão ao alcance de nossas mãos, se assim o desejarmos.

À luz do esclarecimento espiritual, somos capazes de compreender com o coração, e desempenhar nossas escolhas com a ajuda do nosso poderoso intelecto, e assim fazer a necessária ligação com os planos mais sutis, nos quais reside a esperança.

A fé é o maior instrumento para a libertação.

A fé é o remédio para o fim do sofrimento.

Nossa mente é extremamente poderosa e, na linguagem que a Fraternidade Branca usa, podemos compreender que a força dos Elohins, que atuam no plano mental, poderá nos ajudar na libertação de nossas ideias e das crenças limitantes que nos cercam.

Os Elohins atuam no mundo dos pensamentos e estão a serviço das diferentes Chamas. A eles poderemos pedir que nos esclareçam, pois a mente esclarecida é o canal da nossa libertação.

A cura começa na mente, e a liberdade também.

Para um leigo pode parecer estranho estarmos falando de Fraternidade Branca, e ao mesmo tempo nos referirmos aos Mestres dos Sete Raios, pois afinal quem vêm a ser estes professores do espírito?

Para "quem" trabalham?

Devemos esclarecer que cada um dos Mestres trabalha associado a uma "potência" espiritual, ligada a uma determinada "Chama", que é também conhecida como "Raio". Essa "Chama" se manifesta na matéria com uma cor e força específicas. Portanto, muitas vezes você deve ter ouvido falar dos Mestres dos Sete Raios, ou ainda Senhores do Arco-Íris, o que se refere ao mesmo grupo que trabalha pelo bem da Terra e para o despertar espiritual do homem.

Recebemos uma mensagem do Elohim Amazon do Primeiro Raio – Chama Azul, que nos fala exatamente do despertar da Presença "Eu Sou", como caminho da libertação, como coloco a seguir.

"Em cada manifestação de luz haverá um ponto obscuro, um ponto de sombra, um ponto de negatividade. Em cada manifestação de luz haverá um ponto de dúvida, um ponto de medo, um ponto de irresponsabilidade. Em cada manifestação de luz haverá um ponto de desequilíbrio e de falta de equanimidade.

Então, me perguntariam vocês:

Para quê estamos aqui?

O quê deveríamos fazer; como devemos fazer, como devemos viabilizar nossas tarefas?

E a isso tudo eu respondo: sendo a Presença Divina 'Eu Sou'.

Aqueles que procuram o despertar espiritual, aqueles que procuram a verdadeira manifestação da sua essência, da sua alma, e da vida como acreditam que deva ser a vida espiritual, devem então se unir pela manifestação da Presença 'Eu Sou'.

Quando falamos da manifestação da Presença 'Eu Sou', estamos falando da manifestação de uma ponte que os transportará do mundo carnal, das limitações, ao mundo do espírito e da liberdade.

A Presença 'Eu Sou' em cada um de vocês despertará suas potencialidades, despertará suas genialidades, despertará suas melhores aptidões e as suas mais claras manifestações do Eu Superior.

O homem, ligado à sua Presença Divina 'Eu Sou', é o manifestante dos milagres de Deus, é um homem que realiza toda a força divina na matéria.

Não compreendam, não inibam, não acreditem, não potencializem "força" no sentido punitivo ou restritivo.

Quando usamos a palavra força, estamos nos referindo ao poder e à fé.

Eu sou Amazon, Elohim do Primeiro Raio. Hércules é a minha contraparte."

⁂

"Há um conceito que une o homem à condição de animal: tudo aquilo que segura, que prende o homem à densidade da Terra, deve ser afastado de vocês.
O homem não é um animal.
O homem nem sequer é esse corpo, apesar de precisar dele para manifestar a sua essência.
Todas as vezes que se acharem deficientes, incapazes o serão. Todas as vezes que acreditarem na sua potência espiritual e na força do seu trabalho, mandaremos a cada um aquilo que lhe é necessário para ser feliz, para se realizar, para ser aquilo que realmente é.
Portanto, não se reprimam, vivam a integridade do seu ser e não tenham medo de ousar, porque quem não ousa não sobe e não sai do lugar.
Acreditem, a mais forte manifestação espiritual é aquela que faz o homem acreditar na sua força divina, na sua força amorosa, na sua condição de Deus Homem.
Elohim Vista Quinto Raio".

⁂

"No devido tempo serão exaltadas qualidades; no devido tempo serão esclarecidas as dúvidas que pairam nas suas mentes.
No devido tempo saberão em que e em quem acreditar.
No devido tempo se esclarecerão as manifestações que hoje, de alguma forma, assustam e poluem suas mentes.
Porém, tenham consciência de que o processo de limpeza e purificação é extremamente importante.
Façam seus rituais, façam seus processos pessoais de limpeza e purificação, para que cada vez mais forte fique a presença da Grande Fraternidade entre aqueles que aqui estão.
Não pensem em suas vidas como um emaranhado de formas do passado. Pensem em vocês mesmos como manifestação do Divino Mestre, da divina luz, da divina consciência, da divina força. Não pensem, no entanto, que existe qualquer trabalho que aconteça sem o empenho pessoal de cada um.
Pessoal será o trabalho, e individuais serão as escolhas.
Portanto, façam o trabalho de vocês; a parte que lhes compete viver.
Sou o Elohim Claire, do Quarto Raio."

⁂

Aprendemos que para nos comunicar com essas energias espirituais devemos invocá-las, fazendo uso da linguagem do coração.

A linguagem do amor... O que vem a ser linguagem do coração? Como podemos falar e entender a vida apenas por nosso coração?

Os Mestres ensinam que esta comunicação não passa pelos conceitos puramente mentais e humanos. Muitas vezes uma mente excessivamente racional, que para tudo deseja explicações objetivas, chega até a atrapalhar o despertar da fé.

Devemos aprender que a comunicação é feita pelos pontos de energia representados no corpo físico por determinados órgãos que controlam a nossa saúde. Esses pontos são conhecidos como chakras e vibram no nosso corpo sutil. Portanto, sentimos o mundo e as vibrações emanadas pelas pessoas e situações primeiro no nível energético, para depois sermos alcançados na densidade da matéria.

É por esse contato que sentimos um ambiente.

Sentimos as pessoas e, imediatamente conectados com a nossa razão e com o raciocínio lógico, procuramos explicações para o mal-estar ou mesmo para as sensações de conforto que sentimos junto a certas pessoas.

O primeiro passo é o sentimento.

Você, querido leitor, pode estar se perguntando como então nos enganamos com as pessoas e situações? Infelizmente a maioria de nós está tão afastada do seu eixo natural que não sabe mais diferenciar o que é bom e o que não é.

Aceitamos muito pouco para viver, e vivemos correndo atrás das muitas perdas que sofremos. A maior delas é a perda da nossa autoestima.

Esquecemos que somos divinos. Esquecemos da nossa condição de filhos de Deus. Esquecemos que merecemos ser felizes...

Os Elohins que se manifestam no plano mental vêm veementemente nos chamar para nossas capacidades. Vêm nos lembrar que podemos deixar de acreditar nas limitações...

A energia espiritual superior é ancorada no plexo cardíaco, portanto, no coração. Este importante órgão está ligado à força de expansão e efetivamente age assim, levando o nosso sangue por todo o corpo. Da mesma forma, no plano sutil, as energias que sentimos como verdadeiras em nossa vida são irradiadas pelo plexo cardíaco.

A proposta do plano espiritual é elevar a consciência do homem, que atua no plano mental controlado pelos Elohins, ao sentimento de fé. A libertação acontece, então, naturalmente, com o entendimento espiritual da situação.

Para facilitar esse processo, em seguida indicaremos algumas práticas para o desenvolvimento das faculdades psíquicas, mentais e espirituais.

Por exemplo: com a energia da Chama Azul podemos incentivar a criação de um mundo melhor à nossa volta.

Podemos encontrar incentivos na Chama Azul para fomentar em nosso interior uma nova crença.

Muitos grupos têm usado o Domingo como referência para orações e apelos à Chama Azul; por que não fazermos uma prece especial com o objetivo de despertar a fé, já que este dia está consagrado aos apelos ao Primeiro Raio?

Devemos lembrar que as regras foram criadas para nos orientar, pois sem elas o pensamento pode divagar e perder sua objetividade. Tendo o hábito de fazer preces diferentes cada dia, não apenas criaremos uma disciplina, como colocaremos em prática as forças espirituais que estão gravadas no inconsciente coletivo.

O pensamento bem direcionado e objetivo facilita a obtenção dos melhores resultados.

Neste caso, o hábito faz a força.

Já que as Chamas estão vivas, estão também em constante movimentação e efervescência. Precisamos então tentar pegar uma carona na força espiritual que elas representam. Poderemos fazer uso de algumas regras para, quem sabe, facilitar este caminho.

Quando muitas pessoas acreditam numa determinada coisa, isto ganha uma força extra, que é a crença de muitas pessoas somadas. Assim, você pode observar que as igrejas congregam uma energia muito forte, que nada mais é do que a ancoragem de uma potência espiritual muito grande. Assim, quem, entrar nessa sintonia será beneficiado pela fé de todos aqueles que estão ali juntos, orando.

Tabela Geral – Os Sete Raios e os Dias da Semana			
Dia da semana	Chama	Dia/Raio	Associação
Domingo	Azul	Primeiro	Reporta-nos ao PODER da criação
Segunda-feira	Amarelo-Ouro	Segundo	Transmite-nos a necessidade de ter SABEDORIA em todas as nossas ações
Terça-feira	Rosa	Terceiro	Conecta-nos ao AMOR DIVINO, que tudo compreende e perdoa
Quarta-feira	Branca	Quarto	Transmite-nos a PUREZA que devemos ter em nossos pensamentos e atitudes
Quinta-feira	Verde	Quinto	Reporta-nos à VERDADE que cura
Sexta-feira	Rubi	Sexto	Lembra-nos da necessidade de SERVIR a Deus e ter devoção
Sábado	Violeta	Sétimo	Leva-nos finalmente à TRANSMUTAÇÃO e à LIBERDADE

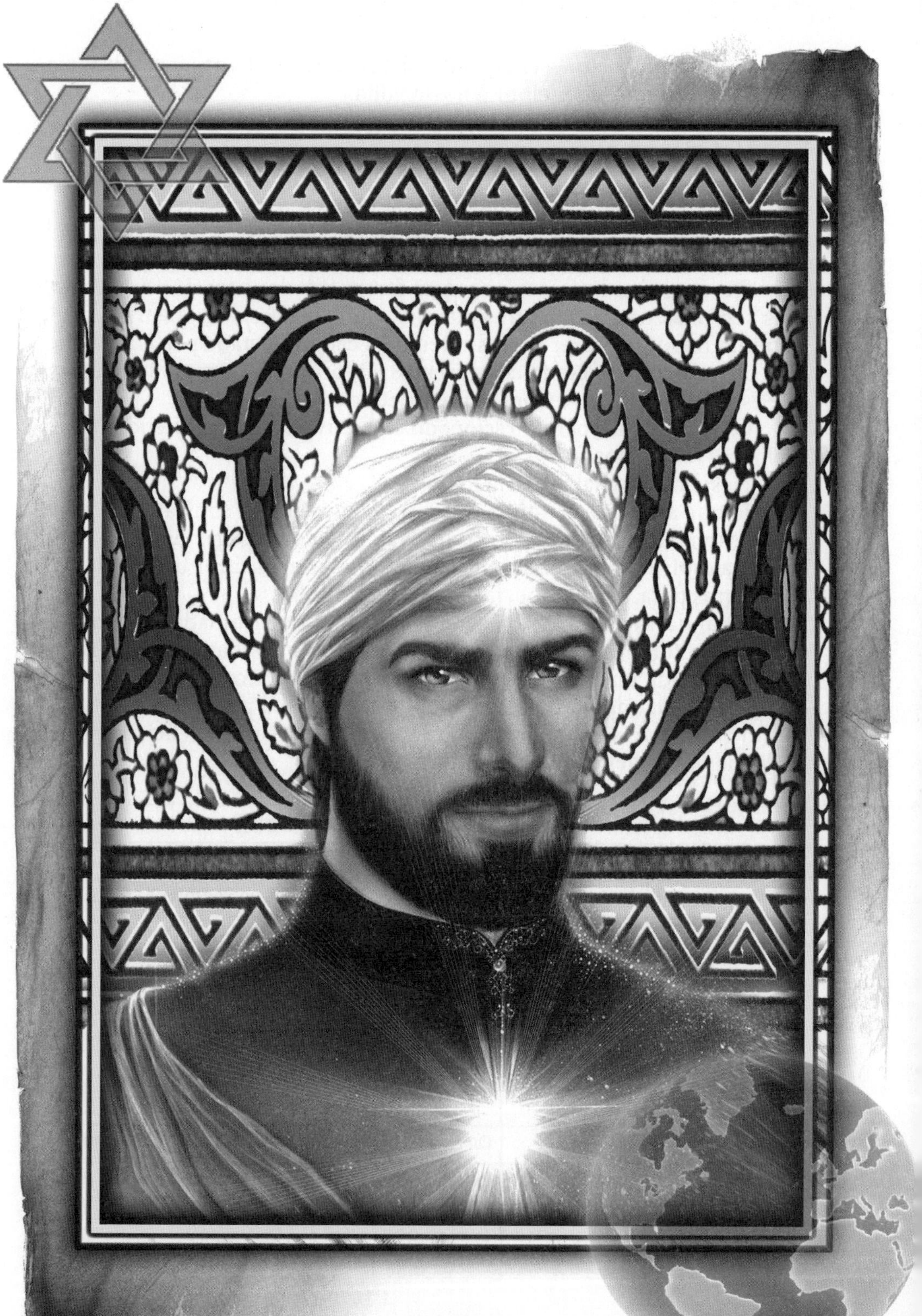

CAPÍTULO 9

A Vida de El Morya

Mensagem recebida em 1º de dezembro de 1999.

"Nas pedras azuis, eu fiz o meu caminho, para seguir o meu pai.
Eu era ainda um menino, quando o navio que o trazia afundou no oceano.
Todos os dias eu esperava por ele, orando. Um Pai, para mim, sempre foi algo extremamente importante. Aprendi que a presença paterna na vida de uma criança é fundamental no seu desenvolvimento, no seu Caminho e na sua Luz.
Enquanto eu era apenas uma criança, vivi esperando por ele, aguardando que ele voltasse. Esperava pelo seu amor; pelos braços; pela presença e por sua orientação.
Olhava o Céu e fantasiava, como se fosse um grande Mar.
Ele era navegante, e o via como alguém especial, que cumpria o seu destino, navegando pelos Mares, dominando os ventos, dominando as águas, dominando a natureza.
Para mim, meu pai era um herói!
Como criança, ele representava alguém muito maior do que qualquer outro, porque era o meu pai...
E lembrava dele, e pedia: Pai, não me abandona, pai! Volta para mim! Eu te espero. Eu estou a tua espera!
Muitas vezes, esse garoto – que era eu – perguntava à sua mãe: Cadê o meu pai? Onde está ele? Sinto falta dele, mãe!
E esse garoto não conhecia reis ou homens simples, não sabia distinguir as classes sociais nem as condições humanas.

Assim, passaram-se os meses, os dias e os anos.

E eu continuava a perguntar à minha mãe sobre ele, e ela, sem querer me magoar, com evasivas, dizia que ele viria.

Até que, finalmente, com a idade, eu compreendi que o meu pai não iria voltar mais.

Na época, entendi que isso aconteceu não porque ele não me amasse, porque eu sabia do seu amor, sabia da presença dele. Mas senti que aquele Mar ali à minha frente havia roubado o meu pai de mim.

Então, comecei a transferir minha dor em raiva dirigida àquela imensidão de Azul. Eu xinguei e maldisse a imensidão Azul. E eu ofendi. Disse impropérios, lutei com as águas como quem chuta um inimigo.

Eu olhava aquelas ondas dizendo: Você não é maior do que eu! Você não é maior do que a minha dor! Você me tirou o meu pai!

E se pudesse teria matado aquelas ondas. E briguei com elas e maldisse a presença delas.

Desgraçado Mar! Desgraçado Azul!

Desgraçado Céu, que me faz lembrar aquele que não vai voltar!

Eu estava num profundo desespero, quando adormeci na praia. Nada mais eu queria da minha vida, a não ser o meu pai. A presença daquele que me ensinou a falar; que me segurou pelas mãos e impediu que eu caísse; daquele que me apoiou e esteve presente no meu desenvolvimento, na minha vida, nos meus sonhos, na minha esperança.

E, assim, eu adormeci. Agradecendo à noite, que me fazia esquecer do Azul. Agradecendo às trevas, que não me permitiam mais ver a Luz Azul.

Naquela noite eu tive um sonho... Nesse sonho, meu pai vinha até mim, caminhando sobre as ondas, Azuis como o mar, e ainda mais bonito do que eu me lembrava dele. E disse: 'Eu fui seu pai, por um tempo. O tempo suficiente para que você se sentisse amado. O tempo de direcionar essa sua Alma, que precisava aprender, sozinha, que precisava ser Livre!

Eu fui seu pai pelo tempo que você precisava ser filho!

Eu venho lhe dizer para despertar você da sua inconsciência. Eu venho Despertar a sua Luz, para que você possa ver, além das trevas, além das dores, além dos corações, além das máculas, daqueles que vêm chorar nos seus ombros. Eu venho aqui despertar você, meu filho, Despertar a Tua Chama Azul, porque você, como eu, é um líder. E é hora do seu Caminho'.

E eu vi aquele que era meu pai... não entendi nada. E disse, então: 'Pensei que você tivesse morrido!' E ele disse: 'Não! Não há morte. Há um renascimento! Há o renascimento daqueles que acreditam e, também, daqueles que não acreditam. Porque todos têm Alma. Todos têm vida eterna... Eu não morri e jamais irei morrer. Assim como você não morreu e jamais irá morrer. Desperta, meu filho!'.

E eu olhei, perplexo, para aquele que um dia foi o meu pai, pensando nas atribulações, de tudo o que eu tinha passado e de tudo o que eu tinha sofrido na vida.

E, mais uma vez, ele falou: 'Eu não morri. Desperta, meu filho! Desperta para a sua própria luz. Para a sua própria vida. Para a sua missão, para a sua fé, para o seu destino!'.

E eu, que era um jovem, acordei das minhas sombras. Acordei com o corpo coberto de areia. E, com os primeiros raios de sol, vi aquele Mar Azul se tornar avermelhado, se tornar acobreado. E, naquelas águas, profundas, fiz as pazes, comigo mesmo, com o meu Deus, compreendendo a perda e descobrindo o quanto eu estava ganhando. Compreendendo que o meu pai agora vivia um pouco em mim.

E, mergulhando nas profundezas do Mar Azul, vi a minha pele ganhar um colorido, um brilho, que eu nunca havia observado antes. Foi como se eu também me tornasse Azul.

E, daí por diante, passei a ensinar, humildemente, o que eu aprendia. Porque descobri que eu não morreria... Que ninguém morreria... Que havia, sim, uma profunda transformação.

Daquela época, então, passei a peregrinar. Vivia no Oriente e caminhei entre povos, falando do Deus Único; do Único Deus que pode existir: Aquele presente em cada um de vocês, na Alma de cada uma das pessoas. Isso aconteceu há muito tempo.

Eu sou El Morya e trabalho pelo Despertar da Consciência e da Fé.

Porque, hoje, todos devem saber: não há morte, não há perda. Não há separação.

Esses fenômenos devem passar como passam as ondas.

E ainda que vocês resistam, e com o Mar das desilusões tentem lutar, sempre haverá ondas... E novas ondas... E novas espumas... E novas noites escuras... E novos momentos de Despertar.

Eu venho como Mestre da Chama Azul, oferecendo-me a cada um de vocês, para ser o seu Pai. O pai que ensina a ter fé e esperança.

Muitas outras vidas eu tive com outras experiências.

Fui Mendigo e Imperador.

Fui de tudo um pouco. Porque estava escrito, nas linhas do meu destino, a amar um só Deus. A amar àquele Deus, que está nos Azuis do Céu, nas profundezas dos oceanos e na perfeição das Almas Humanas.

E lembrem-se de que, todas as vezes que vocês chamarem pela perfeição de sua própria Luz, o seu eu perfeito virá para fora, e as águas Azuis amarão vocês.

Tenham Fé. Tenham Esperança...

Eu sou El Morya. Deixo as minhas bênçãos e a minha Luz."

A Chama Azul – Primeiro Raio

O Despertar da Fé

Mestre: El Morya
Características: Poder Divino, Força, Fé
Elohim: Hércules/Amazon: Ensinam a fazer uso do Poder
Arcanjo: Miguel, Libertação pela Fé
Características: Espada, Ação
Local: Templo na Índia (aos pés do Himalaia) Darjeeling
Energia desta Chama: Entrega da vontade humana à Vontade Divina

A Chama Azul é a manifestação do Primeiro Raio, evoca o Poder Divino. Como a Fraternidade Branca nos ensina a respeito de verdades que estão completamente associadas a nossa natureza humana, podemos entender que temos em nós a manifestação de todas as forças que controlam essa natureza.

O poder, energia associada à Chama Azul – Primeiro Raio, é, antes de tudo, o alento divino inerente a todos os seres. Quando o bebê respira pela primeira vez, o Divino começa a manifestar nele o primeiro traço de sua individualidade, acrescido também da primeira tomada de consciência do que vem a ser "dor". A dor, que é o oposto da sensação de prazer, que estão associadas à condição de o espírito estar novamente encarnado, vivendo a realidade material. Mais para frente vamos nos esquecendo do espírito que é a nossa morada, e vamos nos identificando com a matéria, a ponto de, quando alcançamos a velhice e a natural degeneração do nosso invólucro físico, não desejamos nos desfazer dele, pois estamos por demais associados à dor e à limitação, que são estranhas ao espírito que somos em essência e que deve se libertar.

Acreditamos que somos o corpo, e vemos as nossas experiências como a finalidade de nossas vidas. Esquecemos que somos o poder divino em manifestação, experimentando a matéria.

Diz-se que os grandes estadistas e líderes são filhos da Chama Azul – Primeiro Raio, pois fazem uso desta força emanada do Divino em sua vida material. Na verdade, devemos esclarecer que esses seres estão a serviço do bem maior, e têm em suas vidas o desafio de ajudar o mundo em que vivem. Devemos lembrar também que quanto maior o poder, maior será também a responsabilidade...

Todas as nações precisam de um líder, todas as empresas necessitam de liderança, e também todas as crianças, em seus lares e escolas, necessitam de uma figura de autoridade. Sem a figura de autoridade e a disciplina que ela naturalmente impõe não é possível alcançar desenvolvimento ou libertação. A energia se dispersa e as conquistas são fugazes, como um poderoso combustível deixado aberto e entregue à evaporação.

A Chama Azul dá sustentação a toda a manifestação da vida. A Chama Azul é o primeiro alento e o derradeiro suspiro. Sem a sua imaculada presença não haveria vida, pois ela é o veículo condutor de toda a manifestação. É preciso crer, é preciso manifestar, portanto, a Chama Azul está também associada a fé, à crença no poder.

A atividade construtiva dos Elohins do Primeiro Raio está associada na crença, na força e na manifestação do poder. O poder interno no homem.

Durante séculos a nossa sociedade foi se desconectando da sua própria força. Acreditou-se filha de um Deus que morreu na cruz, sem nenhuma compreensão do seu ato de coragem. Foi-se perdendo a autoestima em graus tão acentuados que o homem realmente acreditou no engano. Viu a Deus como patrão, e não como Pai.

A Chama Azul e seus servidores nos ensinam a novamente acreditar na nossa divindade e, como disse o grande Cohan deste raio, Mestre El Morya, quem ousar dizer "Eu Sou O Que Eu Sou", que ouse também perdoar, que ouse também compreender e ser compassivo, pois, neste começo da Era de Aquário, é chegada a hora de o homem santificar suas ações e compreender os enganos do próximo.

Mensagem enviada por Mestre El Morya: O Poder no Homem.
"*Quando alguém vê as espumas do mar, muitas vezes não se lembra da profundidade de suas águas...*

Quando o Homem pensa nos seus problemas, nas suas aflições pessoais, ele não pensa, não tem consciência da profundidade da sua encarnação; não tem consciência do que é a sua vida presente, que é a meta da sua essência e da consciência da sua alma.

Viemos aqui, e estamos vindo, cada vez mais fortes, cada vez mais presentes, para contar a esse Homem que ele não é feito de espumas, e nem tampouco das rochas onde as suas ondas se arrebentam.

O Homem é feito da mais profunda, da mais sublime e da mais forte consciência espiritual.

Estamos aqui com seres que querem saber de si; que querem ouvir a voz da sua alma, o som da sua essência, e sentir em si mesmos propagar-se a sua luz.

Falamos agora para os que estão presentes nesta sala, presentes hoje, nesta noite: despertem das suas espumas...

Vejam o quanto dos seus problemas pessoais, o tanto de tudo aquilo que os aflige neste momento é ilusório e passageiro.

Se pensam nas doenças, elas irão se manifestar. Portanto quem cria as doenças é o próprio Homem; é aquele que acredita que está doente.

Nós afirmamos: não há doença.
Não há dor.
Não há pena.
Não há martírio.
Não há necessidade de lâminas, nem bisturis nas mãos de cirurgiões habilidosos, pois o Homem não precisa de nada disso.

O Homem precisa é da sua fé, da sua crença e do seu Espírito purificado.

Meus filhos, queremos chamá-los para novamente entregarem as suas vidas para o Divino que habita dentro de vocês, antes que as leis que regem a matéria se tornem irreversíveis.

Queremos novamente chamá-los à consciência da sua fé, à verdade do seu amor, à liberdade do seu espírito.

Não estamos aqui para jogar palavras como folhas ao vento...
Desperta, homem.
Desperta das suas espumas.
Acorda para a profundidade do seu azul.

Acorda para a consciência da sua alma.
Acorda para a sua potencialidade de amar.
Porque amar é a sua natureza, amar é o seu eu, amar é o seu Deus.
Acorda...
Eu sou El Morya.
Finalmente minha presença pode ser aqui chamada, cantada e evocada pelos meus Elohins, que mando que venham antes de mim.
Eles, além de construtores da forma, constroem pontes entre o Divino e o humano.
Portanto, vocês têm ouvido as palavras dos Elohins. Quero que despertem da ignorância, pois aquele que é próspero na sua fé, é próspero na matéria. Não acreditamos em impossibilidades, e eu, pessoalmente, não aceito nenhuma limitação.
Se as suas condições materiais (refiro-me aqui às condições financeiras) de vocês não são a prosperidade, perguntem a si mesmos onde estão deixando de crer, em quê estão deixando de crer.
Por que não dão passagem ao seu espírito; por que não deixam que o seu Espírito cuide de suas contas bancárias?
Meus caros, não estamos falando de libertação?!...
Estamos falando de liberdade: o homem que não tem prosperidade em sua vida não é livre. O homem que não tem como pagar as suas contas no final de um mês não é livre.
Por isso, eu chamo a sua Consciência: por que não se permitem essa libertação?
Oportunidades existem, condições existem e a prosperidade, lembrem-se, é o estado natural.
Aquele que Nos serve deverá ser sempre abundante.
Se não houver abundância na vida de vocês, então se perguntem: a quem estão servindo?
Nós não fazemos nenhum apelo a condições financeiras, não precisamos de dízimos, porque o nosso Espírito é próspero.
Assim cada um de vocês deverá ser: façam brotar a prosperidade, como um sábio faz brotar a árvore de uma semente e da árvore o fruto.
Criem as possibilidades de riqueza dentro de suas próprias vidas.
Façam uso daquilo que chamei de ponte: os seus Elohins. Use-os para criar a prosperidade em cada meta, em cada situação de suas vidas.

Não aceitem a pobreza. Mas não briguem com ela... Não precisam ficar de cara fechada, mal-humorados, revoltados, pois assim estarão dando um poder a algo que não tem poder algum.
O poder do bem e do mal está no próprio Homem.
Eu, como professor, quero lhes ensinar: jamais desrespeitem o mal, pois ele existe na sua vida, quando também existe em seu pensamento.
Se em algum momento vocês desafiarem as situações, os problemas, as condições, estarão desafiando a si mesmos, levantando muros dentro de si, criando sombras para que depois seus caminhos sejam fechados...
E depois não venham reclamar, de forma ignorante, que Deus não os ouve.
Vocês não se ouvem!
Vocês não falam a linguagem adequada!
Vocês desconhecem a sua própria natureza e a sua própria capacidade de criar abundância!
O que eu estou falando é simples: abandonem o sentimento de pobreza.
Vivam com moderação é claro; vivam com consciência, pois nem tudo aquilo que pensam, nem tudo aquilo que desejam é necessário para sua alegria.
Repensem seus valores, repensem, imaginando e pensando claramente:
O que eu preciso para ser feliz?
O que eu preciso para viver?
O que é necessário para minha alegria?
O que é necessário para minha realização?
E quando obtiverem essas respostas do seu Ser Interno, saberão que estão mais próximos da abundância, pois abundância é o resultado de tudo aquilo que o Homem crê em seu coração.
Eu Sou El Morya."

As palavras do Mestre são infinitamente esclarecedoras.

É preciso desenvolver em nós uma nova forma de ver e sentir a vida, pois não somos prisioneiros do mundo e das vicissitudes que estão à nossa volta, somos, antes, aprisionados às nossas crenças...

Como já explicamos anteriormente, os Elohins atuam no Plano Mental. Por isso as mensagens enviadas por eles têm uma conecção profunda com os nossos pensamentos. Quando recebemos este tipo de orientação, devemos nos deter e tentar abstrair o máximo possível destas preciosas lições.

Mensagem enviada pelo Elohim Hércules: Silêncio e Disciplina.

"Como Elohim do Primeiro Raio, chamo vocês para o despertar da ordem, pois a ordem é uma das palavras de Fé, de Força, de Poder. E é a ação colocada em prática.

Ordenem suas vidas. Uma vida sem regras, sem ordem e sem organização é uma vida sem resultados.

Sou responsável pelos resultados.

Sou responsável pela ordem.

Sou responsável pela organização.

E queremos que vocês sejam estritos na ordem e na organização.

Pode parecer aos ouvidos humanos que isso seja um certo excesso, pois muitos podem perguntar:

– Por que tudo isso se o espírito é livre?

Mas saibam, meus irmãos, a liberdade espiritual é totalmente organizada.

Num ambiente de sombras e de confusão, é possível que um espírito de muita Luz permaneça e dê suas bênçãos, ajude, proteja e abençoe. No entanto, é completamente vedado, a um espírito de sombras, adentrar aos universos de Luz, por um simples motivo: a vibração destes universos não lhe permitirá isso. E, quando queremos instituir o silêncio, a ordem e o respeito, estamos fazendo exatamente isso: impedindo que sombras e energias confusas adentrem num ambiente de Luz.

Tomem como lições para suas vidas: procurem se organizar e se ordenar. Muitas seitas e religiões dão o nome de ordenação a uma cerimônia que prestigia alguém importante, alguém que ocupará um cargo, pois ordenar é poder.

Ter ordem é ajudar a manifestar o sentimento da fé.

Eu, Hércules, recebo e obedeço às ordens.

Eu, Hércules, ordeno:

Silêncio."

Elohim Hércules

Mensagem enviada por Amazon, complemento divino de Hércules.
"*Orientações espirituais nunca faltaram; orientações espirituais nunca deixaram de chegar ao homem.*

Faltou-lhes energia, consciência da aceitação e a permissão interna para aceitar.

A Chama Azul proporciona tudo isso àquele que assim o quer.

A Chama Azul se confunde, muitas vezes, para o estudante do ocultismo, com a vibração do corpo etéreo, com a emanação da alma, pois todas as auras humanas são azuis.

E nisso não há erro, pois todas as almas humanas apenas confirmam a sua essência espiritual.

Todas as auras humanas são azuis, porque têm dentro de si a fé que o Criador, o Eu Sou, o Eu Superior, Deus, o Arquiteto do Universo, colocou em vocês.

Portanto, nas fotografias da aura que o homem pensa analisar, no azul, ele está vendo a manifestação do próprio Deus, a Vontade Divina manifesta no corpo etéreo do homem, a Vontade Divina, dizendo e lembrando a esse homem que ele é Deus, que ele é a própria Essência do Criador!

Assim, não existe ser humano desorientado, perdido... Infeliz.

Pois nele há a Chama Azul vibrando, construindo seu corpo.

Aquele que morre a cada encarnação passada nada é. É apenas o corpo que deixa de existir, e deixa também temporariamente de ter histórias, lembranças amargas, dolorosas e felizes misturadas entre si.

O corpo morre; o corpo etéreo flutua e se funde na consciência do Todo.

Portanto, não se permitam mais morrer.

Nem mais achar fraqueza em vocês mesmos; não se permitam mais acreditar em "dependências".

Isso não existe!

A aura é azul; ela é o poder da Chama Azul.

A aura é a impressão divina nos Corpos de Luz que todos os homens têm.

Portanto, despertem da ignorância; despertem da ausência de amor.

Despertem para a sua própria fé, para o seu próprio corpo perfeito.

Conheçam a própria essência divina que está no seu corpo.
Deem passagem a esta Luz.
O que limita o homem são as suas crenças.
Quando se sentirem obrigados a fazer algo que não desejam, quando se sentirem incumbidos de tarefas que não são suas, quando se sentirem rodeados pelo mal, pensem azul.
Vibrem pelo Azul; vibrem por aquilo que vocês são; vibrem pela Presença 'Eu Sou'.
Eu sou Amazon, Elohim do Primeiro Raio."

A vibração espiritual dos anjos e arcanjos, como já estudamos anteriormente, ressoam no Plano dos Sentimentos. Como o homem é a reunião de todos esses planos, recebemos constantemente a influência desses universos sutis que estão à nossa volta.

Coloco a seguir uma mensagem do Arcanjo Miguel, recebida também através das canalizações.

Este ser é amado por muitas pessoas que o conhecem de diferentes religiões.

O Arcanjo Miguel é tido como o libertador e por intermédio dele consegui desvencilhar-me de diversas amarras em minha vida.

Hoje, como Terapeuta, ensino aos meus alunos esta meditação que transcrevo a seguir e afirmo: ela é muito poderosa.

Meditação do Arcanjo Miguel.
"Peça a presença do Arcanjo Miguel.
Imagine este anjo de luz, junto de você.
Procure respirar profundamente, imaginando a sua presença.
Em seguida visualize à sua volta se formando uma coluna de luz azul, que o protege de todas as influências negativas do mundo exterior.
Visualize você envolto na luz azul do Arcanjo Miguel.
Exatamente à sua frente, numa outra coluna de luz, está a pessoa que representa sua maior dificuldade.
(Pode ser um relacionamento difícil com alguém, uma doença)...
Você observa que as duas colunas se tocam em alguns pontos.

Você então pede ao Arcanjo Miguel que com sua espada corte todos os laços que aprisionam você ao sofrimento.

Você visualiza, imagina, a espada cortando todos os laços de dor.

Em seguida, a luz azul do Arcanjo Miguel vai afastando até desaparecer a outra coluna de luz, dissolvendo tudo negativo à sua volta.

Faça esta meditação várias vezes ao dia.

Lembre-se que cortar os laços da dor não fará nenhum mal à outra pessoa que estiver envolvida.

A liberdade faz bem a todos."

Mensagem enviada pelo Arcanjo Miguel.

"Meu poder é conhecido dos homens porque todas as vezes que minha espada é desembainhada, todas as vezes que minha espada é erguida aos céus, algo se completa. Como o arcanjo do Primeiro Raio, tenho a liberdade de conceder a graça da libertação a quem quer que me pede.

É importante que vocês saibam que as orações todas são recebidas por nós, os anjos.

Nosso trabalho como mensageiros reside aí, em receber e enviar ao altíssimo suas orações.

Todo aquele que invoca a presença de um anjo está também pedindo que a nossa orientação o cure, o liberte, o transforme num verdadeiro homem.

O homem, a natureza do homem é livre, a natureza do homem é absolutamente livre.

Portanto, aqueles que me pedem a libertação do mal, saibam que serão atendidos. E vamos assim formando uma indestrutível corrente que irá percorrer todo este planeta, fazendo a libertação.

Através do primeiro Raio, eu, Arcanjo Miguel, trabalho para a ascensão.

Pois não pode ascender aquele que não é livre.

Pois não pode transformar-se aquele que não é livre.

Pois não pode encontrar os universos de luz aquele que não é livre.

Libertem-se, meus filhos, libertem-se por sua fé.

Orem por mim, peçam por mim, e ali estarei, recolhendo o fruto das suas orações.

Quando orarem e não forem atendidos, saibam que não oraram com fé.

Estou, com minha espada, limpando as desarmonias e energias sujas.

Limpando cada um de vocês com a minha espada, tirando os miasmas de dor e de sofrimento.

Peçam a libertação, a cura, a consciência e eu darei, pois cura, consciência e libertação fazem a minha espada brilhar.

E saibam que cada ser que eu limpo de seus compromissos, crio mais luz na minha espada.

Trabalho então através do Primeiro Raio pela libertação e pela ascensão.

Eu sou Miguel."

Mensagem enviada por Fé, Complemento Divino do Arcanjo Miguel.

"Eu sou Fé. Eu sou o complemento divino do Arcanjo Miguel, Primeiro Raio – Chama Azul, e venho aqui vos lembrar do que vem a ser um complemento divino.

Vocês, no mundo dos homens, pensam em amor, pensam que amam, pensam que cuidam, pensam que servem. O amor é a doação mais absoluta, é o sentimento mais limpo, mais cheio de pureza.

Eu sou o complemento do Arcanjo Miguel, porque eu o complemento com a minha presença de fé.

Aquele que ama, aquele que cuida, aquele que zela, aquele que protege, aquele que abençoa nada mais deve fazer do que oferecer a esse ser querido e amado a sua fé.

Pois aquele que tem fé, sabe amar, sabe oferecer, sabe doar.

A fé é a única força de que o homem precisa.

A fé, por se tratar da manifestação do Primeiro Raio, da energia expandida do próprio divino, é o divino 'Eu Sou' em ação.

Venho abençoar essa casa e abençoo cada um de vocês e rogo: orem, não apenas por suas vidas. Orem por este planeta.

Complementem suas visualizações e mentalizações envolvendo a Terra na Chama Azul.

Quanto maior for o número de seres que orarem pedindo a Chama Azul, a libertação, maior será a alegria, a felicidade e a realização neste planeta, que, como eu, é azul.

Orem com fé, orem comigo.

Estarei ao lado de cada um de vocês, libertando-os da presença do mal.

Venho a serviço daquilo que me faz ser o que eu sou: meu amor e minha fé."

Fé, complemento divino do Arcanjo Miguel.

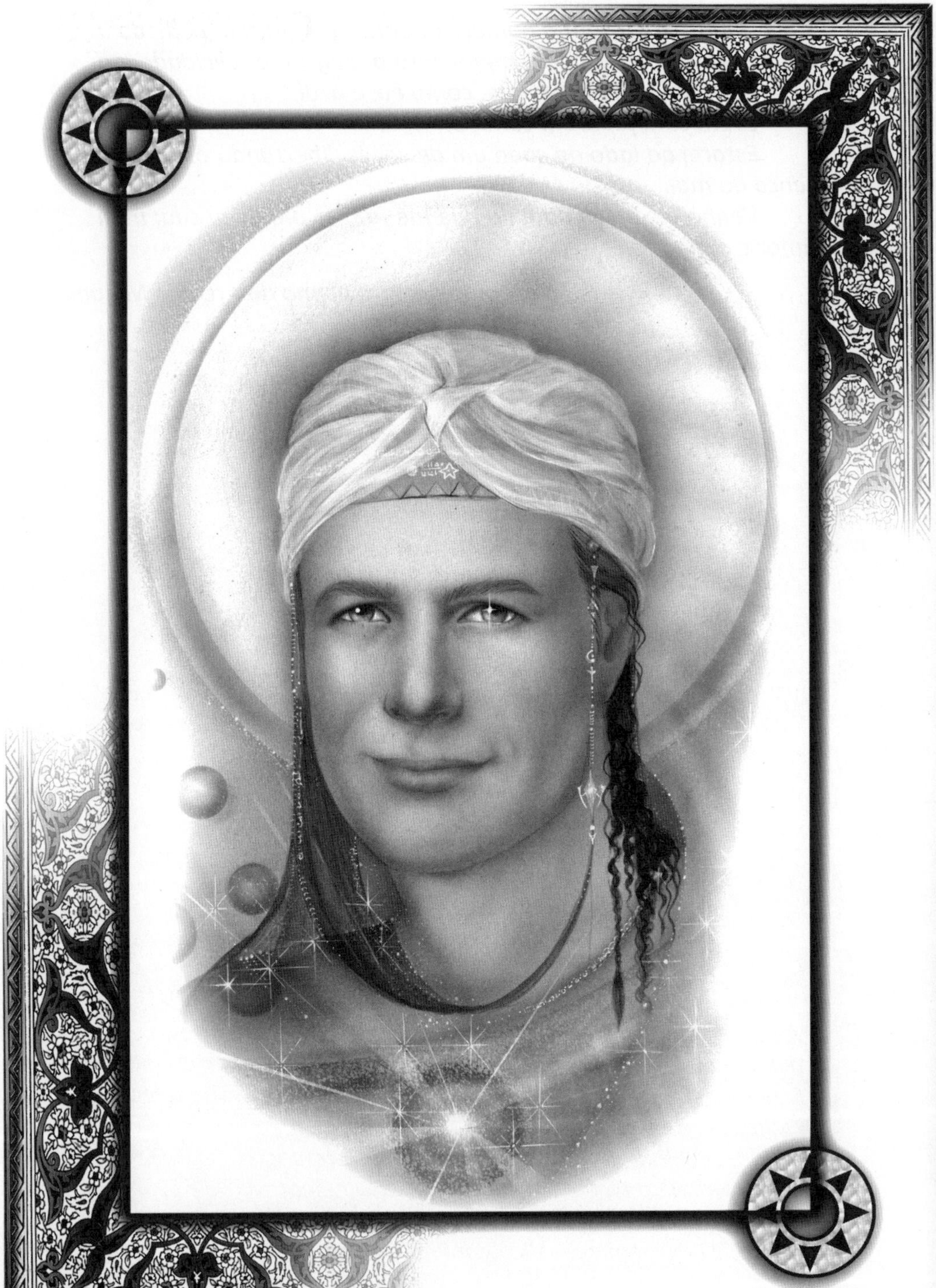

CAPÍTULO 10

A Vida de Mestre Kuthumi

Mensagem recebida em 20 de outubro de 1999.

"Eu nasci com o dom de ver, através dos olhos espirituais. E saibam, meus irmãos, o quão difícil isso foi, para mim. Pois, no lugar das aparentes personalidades, que transitavam em minha vida, eu via as suas essências obscurecidas... as suas dores, os seus conflitos, as suas mentiras...
E na solidão, da minha vida, eu perguntava:
Deus da minha alma, por que me faz isso?
Por que me faz ver o mundo tão feio?
Por que não sou igual aos outros?
Por que me abres essas portas, que não sei fechar?
Por que me deixas sofrer tanto, se vos amo, do fundo da minha alma?
E, um dia, na mais absoluta solidão – eu já não tinha mais vontade de me alimentar nem de chorar, e nem fé no Altíssimo eu tinha mais – e nesse momento aproximou-se de mim um cão vadio. E esse animal era só Luz. Ele não tinha nenhuma treva, nenhuma escuridão. Ele era Infinita Luz. E sentou-se ao meu lado sem nada pedir, sem olhar minhas vestes. Vestes de um nobre, nem os olhos tristes de quem vê aquilo que não deve ver. Senti vir dele a chama mais calorosa e permeada de amor que nenhuma mulher, nem um amigo, e nem sequer o colo de minha mãe tinham me oferecido.

E, assim, abri os meus braços e senti uma gota de liberdade e de esperança brotando dentro de mim.

E eu disse:

Pai, és, então, um cão?

Pai, estás, então, nos animais?

E neste momento aproximaram-se de mim aqueles pássaros que chegavam nos campos para comer os restos de grãos, e formaram um grande círculo à minha volta. E eu vi luz. E eu vi glória. E eu vi verdade. E eu vi amor.

Foi esta forma que o Divino me tocou e me disse da sua existência.

E se eu não tive mãos humanas capazes de me amar, eu tive a presença de todos aqueles que não precisavam de vestes, de roupas, de luxo, de belezas temporais e de falsos humores. Eu fui amado. Eu lhes digo: Eu fui amado... Muito mais do que eu tive capacidade de amar.

E os que me viram antes chorar passaram a me ver sorrindo.

E os que me viram antes sofrer passaram a me ver cheio de alegrias.

Passei a alimentar os animais, e me despi de tudo: das minhas vestes, dos meus enganos, dos meus luxos... De todos os excessos... E eu me vesti de luz. Dessa mesma luz que eu tinha tanto medo de fazer brilhar no meu coração. Porque eu não tinha encontrado até então ninguém igual a mim.

Eu vi a minha igualdade nos pássaros, nos bichos, nos campos de trigo, na terra fertilizando.

E eu disse, então:

Pai, você existe! Eu amo a tua beleza. Eu amo aquilo que eu não compreendo. Eu amo as lições que me ensinas, e o sofrimento que me promoves.

E assim eu me tornei quem eu sou: O Protetor dos Animais.

Mas eu lhes digo: muitas vezes, muitas vezes mesmo, eu fui protegido por eles... e amado... Muitas vezes mais do que eu protegi.

Eu amo a Chama Amarela. Eu amo o Dourado da sua luz. Eu amo a capacidade de saber com alegria. Saber amar. Saber ver além das vestes. Sentir além dos sentidos. Escutar além das palavras. E expandir além dos mundos.

Tornei-me um mestre, porque amei.

Amei a luz, amei o sol e dele tornei-me irmão. Amei a lua e dela tornei-me irmão também.

Compreendi então as diferenças dos mundos. Compreendi os seus enganos. E sem saber que estava sendo, eu fui sábio.

Hoje eu atuo nas esferas de luz. Hoje eu sou um Mestre, porque me chamam assim.

Saibam que frente o Altíssimo ainda o reverencio como um humilde aprendiz. Porque assim eu sou.

Kuthumi é o meu nome.

Abençoo todos vocês. E os chamo para participar e aprender na minha casa. E digo, meus irmãos: aprendam a humildade, que nada tem a ver com o despojamento dos bens materiais e, sim, com o despojamento do orgulho.

E amem sem culpa. Amem com liberdade.

Errem sem medo. Errem, porque desejam ousar e aprender.

Vivam em luz, porque um dia souberam de suas trevas.

Observem que a linguagem da Fraternidade Branca é libertadora. Porque mostra a vocês o lado bom da sua própria essência.

A Luz da sua escuridão. A capacidade de amar que está inerente a cada um de vocês.

Serei, sempre, um aprendiz. Porque é sábio o meu coração.

Serei, sempre, um aprendiz. Porque é humilde a minha fé.

Serei sempre um aprendiz. Porque quero sempre mais aprender a amar.

Serei sempre um aprendiz. Porque sei que não estou pronto para ser a experiência crística completa, em mim mesmo.

Eu vos digo: amo a cada um de vocês.

Hoje eu amo. Porque sou capaz de ver, nas suas imperfeições, a sua luz. No seu medo, a sua luz. Na sua raiva, a sua luz.

Que brilhe em Dourado as profundezas da sua Alma.

Fiquem em Paz.

A Chama Amarela – Segundo Raio

Alegria do Saber

Mestre: Kuthumi, Lanto, Buda
Características: Sabedoria, Alegria, Ação
Elohim: Cassiopeia/Minerva: Ensinam a fazer uso da Sabedoria
Arcanjo: Jofiel/Constantina: Iluminação
Características: Portador da luz
Local: Vale cercado de flores/Luz do Sol
Energia desta Chama: Entrar em contato com a sua sabedoria

A Chama Amarela é a manifestação do Segundo Raio, que nos convida à sabedoria e à manifestação do Divino por intermédio do saber.

Desde o início dos tempos, a nossa humanidade se aprisionou à dura realidade da Terceira Dimensão, justamente por não fazer uso do "saber". Este terrível processo aprisionador aconteceu como o fruto de uma crença egoísta, que nos levou a acreditar no individualismo, nos fazendo esquecer que, antes de qualquer coisa, somos filhos de Deus, e que, portanto fazemos parte de uma grande fraternidade, pois para o Divino não existem raças superiores. Assim, deturpamos completamente nossa capacidade intelectual, e criativa quando nos afastamos da unidade da nossa essência Divina.

Quando tomamos contato com essa ideia de igualdade, à primeira vista simplesmente não entendemos como um mendigo, ou um ladrão, poderá se igualar à nossa pessoa...

Fato é que estamos acostumados a combater por nossas crenças e, no princípio do caminho da compreensão espiritual, chegamos a nos julgar sábios e, ao contrário do que prega a sabedoria, que é a nossa condição de igualdade como filhos de Deus, nos tornamos absurdamente belicosos e separatistas. Brigamos, defendendo as nossas opiniões e a fragilidade de nossas crenças.

Esta história de briga, no entanto, não começou com a humanidade encarnada e as diversas religiões criadas pelo homem. Brigamos ainda antes de habitarmos a Terceira Dimensão.

Quando descobri alguns anos atrás, por meio de um trabalho mediúnico, que minha essência vinha da longínqua Constelação de Órion, resolvi fazer um curso de astronomia para entender melhor esse assunto, e fiquei muito decepcionada. Descobri que a Constelação de Órion era conhecida pelos povos antigos como a Constelação do Arqueiro ou do Caçador.

Estava impressa no céu a agressividade... Pelo menos era essa a leitura que faziam os povos antigos...

Perguntava-me o porquê da agressividade que os povos antigos leram nas estrelas.

Como Órion pode estar associada à agressão?

Será que os povos liam no céu sua própria agressividade refletida?

Seria o céu um espelho de nossas más qualidades?

Os seres de Órion que tinham vindo falar comigo eram tão amorosos, como se explicava então essa ligação?

Hoje compreendo que muitas vezes somos agressivos até sem perceber, interferindo na vida alheia, com a ideia de ajudar.

Bem a propósito, transcrevo uma mensagem enviada por Nara, um ser de Órion, a serviço da Fraternidade Branca. Nesta mensagem podemos ver claramente o desejo desses seres em resgatar a nossa consciência luminosa e a unicidade entre os povos.

Essa mensagem fala de vermos a nós mesmos como seres espirituais...

Mensagem enviada por Nara um ser de Órion: A unicidade.

"Houve um momento em que o homem não acreditou na sua humanidade, e viu a si mesmo como um bicho.

Houve um momento, muito próximo do atual, em que o homem se confundiu com o planeta, e não o viu como um organismo vivo, uma escola, e nem se atentou à origem divina da humanidade que nele vive. Viu apenas a sua nação, a sua casa, a sua família e os filhos que de seu corpo nasceram.

Queremos dizer, a este homem, que ele é espírito.

Queremos trazer, a este homem, a consciência de sua espiritualidade.

Não estamos falando a linguagem que irá apenas entreter os intelectuais. Queremos chegar às pessoas comuns, às pessoas que são vocês, aquelas que têm família, filhos, pais, desafios, trabalhos, dificuldades e alegrias, pois este ser humano, precisa descobrir que ele é Divino.

É este ser humano que precisa lembrar da sua potência de Luz.

Por isso, escolhemos trabalhar com o humano. Por isso, escolhemos trabalhar com a humanidade de vocês, fazendo, cada um de vocês, mais consciente da sua Parte Luz. Fazendo, cada um de vocês, se lembrar da sua origem.

Eu sou Nara. Vim de Órion, numa das primeiras delegações que aqui no Planeta semeou a vida. Eu sou uma cientista e, como tal, tenho descoberto, através dos meus experimentos, que a única grande verdade é, e continuará sendo, o amor, a consciência amorosa.

E o retorno para casa é o retorno para o amor, para a alegria e a realização.

Aquele que ama é livre é verdadeiramente Deus em sua essência.

Eu quero dizer a vocês, irmãos e filhos de minha luz: eu os amo."

Mensagem enviada por Mestre Lanto: A alegria do saber.

"Ananda nos idiomas perdidos, quer dizer, bem-aventurança. E só existe bem-aventurança para aquele que permite aventurar-se.

Eu sou o Mestre da Sabedoria e venho falar-lhes a serviço do Segundo Raio, o raio da Sabedoria.

Quero aqui lhes falar sobre o sentido de bem-aventurar-se.

Bem-aventurar-se é dar a si mesmo a condição de explorar novos rumos e novos valores.

Só se aventura aquele que quer ousar.

Só se aventura aquele que deseja trilhar novos caminhos. Ninguém pode se aventurar e, muito menos, bem-aventurar-se por uma outra pessoa.

O caminho espiritual é único: Ele é trilhado individualmente.

Vocês podem vir aqui, e muitas vezes virão, eu sei, para ouvir as palavras dos Mestres, e diriam:

– Como os Mestres são lindos!
E eu diria:
– Como somos todos bem-aventurados!
Sorrimos, falamos, fazemos o coração de vocês sorrir... e se bem-aventurar...

Mas, reafirmo, o caminho espiritual é trilhado apenas pela própria pessoa. Por mais que estejam estendidas as mãos daqueles que querem lhes ajudar, como fizemos até hoje, enviando todos os nossos exércitos, nossos Elohins; incentivando o coração de vocês a sentir, a amar, e a mente de vocês a pensar, e a fazer; não poderemos trilhar a senda espiritual com as suas pernas.

Não podemos movimentá-los para frente, e nem sequer para trás. Se um dia vocês empacarem, se um dia não quiserem mais se aventurar, até ouso dizer, o caminho de volta terá que ser feito por vocês, com a sua energia, força, preguiça, falta de coragem e falta de fé.

Portanto, filhos da minha luz, sábios como podem ser, poderosos como podem ser, aventurem-se!!

E aqui trago, em nome de Saint Germain, um pedido, mais uma vez reforçado com a minha presença: formem os Grupos de Estudos e participem. Somente seremos bons professores se tivermos bons alunos.

Eu, Lanto, desejo uma boa aventura a cada um de vocês.

Bem-aventurarem-se, como bem-aventuradas são, as suas consciências de luz.

E vivam felizes, alegres, pois o homem sábio sabe rir, e tem a sabedoria que permite ver a si mesmo, e às suas diferenças com bom humor.

Quando vocês se sentirem mal-humorados, saibam que estão usando muito mal a sua capacidade de saber. Porque o homem instruído, o homem sábio, sabe sorrir das dificuldades; sabe deixar passar... Ele, como uma criança, entende que as ondas, ainda que gigantescas, passarão por ele e... não o afogarão.

Portanto, usem a Chama da Sabedoria para despertar no coração de vocês a capacidade de sorrir.

O Homem que sorri conhece os seus problemas, e sabe que, como água, eles passarão... Nada é eterno... Nada dura para sempre. A não ser a sua consciência espiritual.

Trilhem o caminho e aventureiros sejam.

E bem-aventurados também..."

A Vida de Mestre Lanto

Mensagem recebida em 20 de outubro de 1999.

"Eu nunca quis as honrarias do mundo dos homens, porque sempre soube que elas seriam tão passageiras como as nuvens.

Eu nunca quis os amores e as paixões, que, além de violentar o espírito, também violentam a alma e despertam desejos. Eu não quis porque sabia que amar, para mim, teria de ser algo infinitamente mais profundo do que apenas conhecer a paixão do corpo, os instintos que cada um pode perceber, pois até os animais copulam em busca do prazer do sexo.

Eu quis o amor... O verdadeiro amor.

E eu sei que nem sempre esse amor é fácil de ser encontrado e partilhado.

E em meio a profundos desencantos, segui por um caminho que não sabia onde me levaria. Sequer eu saberia dizer a vocês por que o fiz. E à medida que caminhei, os meus sapatos se romperam; e quando me vi descalço, me apercebi do tempo que tinha levado nessa estrada sem destino. E sem olhar a minha aparência, sei que os meus cabelos cresceram, que a barba apareceu no meu rosto, que havia pó debaixo das minhas unhas, e que as vestes tinham se puído. Eu renunciei, sem saber que estava renunciando. Tanto andei, que não tinha mais consciência dos meus passos.

Há muito havia passado a sede, a dor em minhas pernas, o cansaço nos meus braços.

Há muito havia passado também as lembranças de minha casa, a lembrança do meu, meu, meu... O que era meu?

Eu não tinha nada. Eu renunciei sem saber a que, porque, se nada tinha, a que renunciei?

E quando no meu caminho vi muitos outros como eu, homens, que não tinham amado, que não tinham criado família, que não tinham seguido os desafios do mundo da carne, eu me perguntava:

A que eu renunciei?

A que eles estão renunciando?

Quem são eles e quem sou eu?

Muito me perguntei. E muitas vezes, quando a minha língua estava seca e nem uma gota de água eu sabia onde encontrar, eu me perguntei: a que eu renuncio?

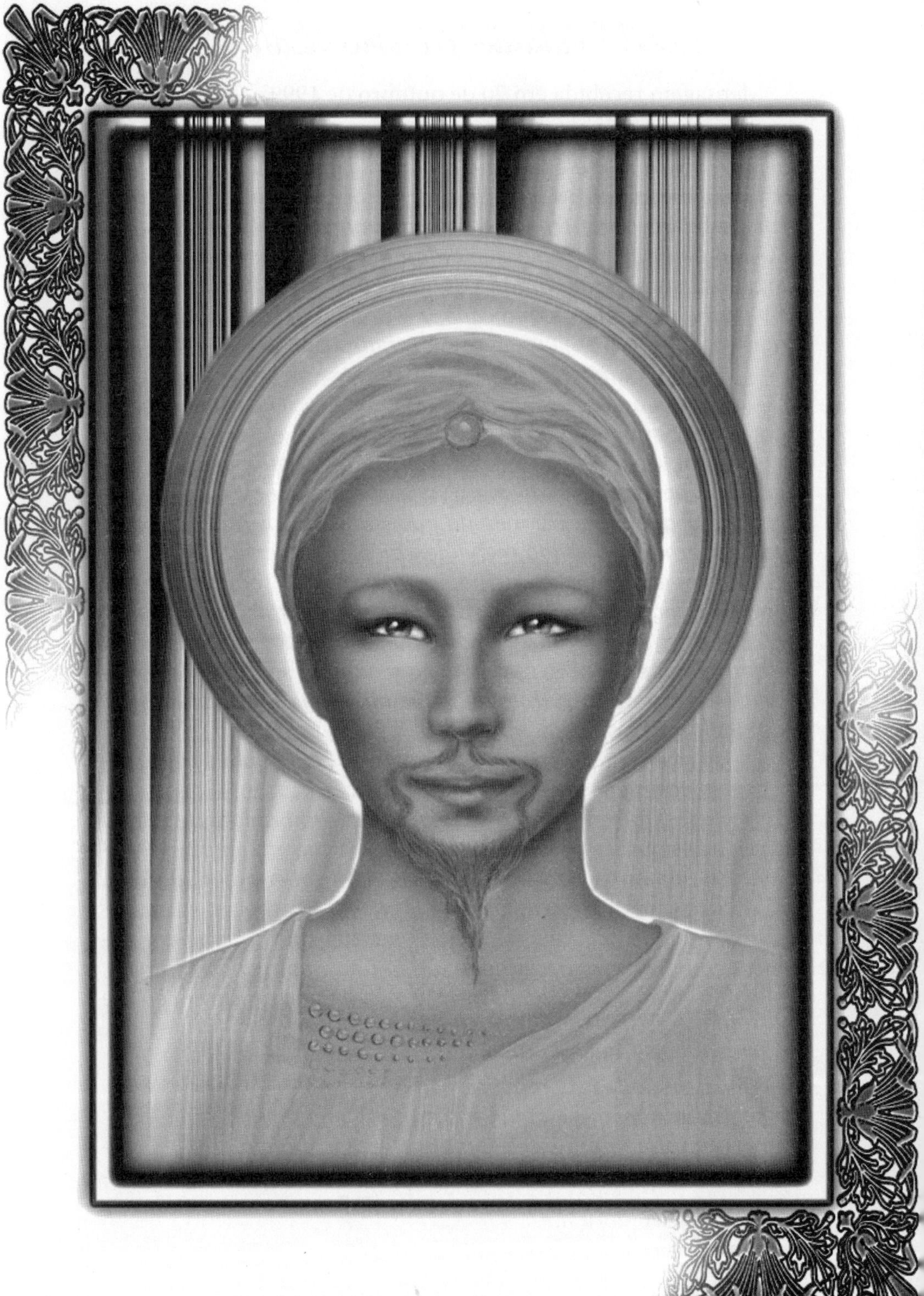

A quem eu deixo de falar, se a minha mente é mais feroz do que um abutre?
A que verdadeiramente eu estou renunciando?
Eu era muito jovem. Eu tinha um corpo muito saudável.
E com este sentimento, pensando, profundamente, na renúncia – uma renúncia que eu não escolhi, mas que veio andando comigo, caminhando comigo – como eu transcorria. Aos mesmos passos que eu andava, eu renunciava, sem saber que o fazia.
E percebi que não renunciava, mas que fugia.
E percebi que, se calado eu estava, era porque não tinha com quem conversar.
E então, comecei a fazer o caminho de volta. O caminho de vocês. O caminho de cada um de vocês. Eu fui voltando a ser homem. Fui voltando a ter desejos. Fui voltando a ter sonhos, e não apenas aflições. Eu fui voltando a ter sorrisos, e não apenas lágrimas.
Eu percebi que a maior renúncia, a verdadeira renúncia é a das más qualidades.
Eu percebi que a vida não deve ser renunciada e nem os prazeres esquecidos, porque eles voltam, com uma voracidade tão grande, que podem me consumir ao invés de guardá-los em meu bolso, puído e esfarrapado.
E, num dia de muito sol, senti o quanto eu estava equivocado, dentro das minhas sombras, do meu orgulho, da minha pretensão e do meu medo. E, nesse dia, a consciência da Chama Dourada caiu sobre mim, e na minha frente apareceu um Mestre.
Ele era muito menor do que eu. Fisicamente, era apenas um homem pequeno. Mas a sua Alma reluzia como reluzem as grandes almas.
E a isso o meu coração palpitou. E como se fosse um gongo, uma campainha vibrou dentro de mim.
E ele me disse:
'– Quer ser Deus, meu filho?'.
E eu me espantei muito com aquela pergunta. E eu respondi:
'– Sim!'.
Eu nunca havia pensado em ser Deus, mas disse sim.
Naquele momento, que pareceu horas, eu pensei: 'Deus não sofre, Deus não tem que ganhar a vida, Deus não tem que ter dinheiro, Deus não tem que ter família, Deus não tem mulher, Deus não tem filhos... Eu quero ser Deus!'.
Ele olhou para mim, sorriu e me disse:

'— Seja apenas homem... Apenas homem!'.

E com essas palavras, da mesma forma que ele do nada surgiu, ao nada voltou.

Eu não podia me apresentar imundo, do jeito que estava em nenhuma cidade, porque assustaria não apenas as mulheres que eu estava desejando no meu íntimo, mas também as crianças e os cachorros. Quem iria ficar perto de um indigente imundo como eu estava?

E eu me banhei num rio. E as águas antes claras – o rio era pequeno – ficaram imundas com a minha presença.

E ali, mais uma vez abençoado pela Chama Dourada, este mesmo mestre apareceu, flutuando sobre as águas, e ele me disse:

'— Você não quer dificuldades?'.

E eu, rapidamente, disse:

'— Não, não quero! Por favor!'.

E eu pensei, naqueles segundos que se passaram, nas muitas dificuldades que uma pessoa tem vivendo. Pensei nos filhos, que respondem, nas doenças; eu pensei nos mendigos, e disse:

'— Não, eu não quero dificuldades!'.

E ele me disse:

'— Então, acaso, meu filho, recusas a vida?'.

Eu não compreendi. Mas tão aturdido estava, lavando-me, livrando-me dos piolhos, tirando de mim mesmo uma aparência que eu não tinha, que não o vi desaparecer como da primeira vez.

E assim, limpo, eu continuei caminhando.

Como não podia cortar os meus cabelos eu os prendi nas costas. E andei. Andei com o desejo de não mais ferir os meus pés.

Andei, esperando que alguém de boa vontade me desse uma roupa, uma túnica, para que eu pudesse novamente apresentar-me na sociedade.

E numa noite, quando eu não tinha o que comer, de novo ele veio, e das suas mãos surgiram biscoitos, os mais deliciosos que eu já havia comido. E ele disse:

'— Lembras da tua mãe?'.

E eu lembrei da minha mãe. Lembrei da humanidade da minha mãe. Lembrei dos erros da minha mãe. Mas isso fazia tanto tempo, que lembrei também dos acertos. Eu lembrei do aroma da comida dela, eu lembrei do carinho. Eu lembrei que ela me deu o corpo, que ela me emprestou a chance de viver.

E eu disse:

'— Sim! Perdão, mestre. Perdão, porque eu quis fugir, por ser incapaz de amar.

Perdão, porque eu quis transformar o mundo, ao invés de me transformar.

Perdão, porque eu quis ser mais o outro... um outro que eu criei para mim, do que eu mesmo'.

E ele me disse: '— Percebes, que traístes a ti mesmo?'.

E aí as lágrimas vieram aos meus olhos, e eu não pude mais conter. E, mais uma vez, pedi perdão... Perdão por fugir, perdão pela minha falta de coragem, pela minha falta de Fé... Perdão por ter sido tão pouco, e não ter desejado, ter aceito ser homem!

E, num gesto de luz, ele me tocou e eu me vi vestido com as mais belas vestes. Uma túnica dourada, enfeitada de vermelho.

Eu parecia um rei. Eu me sentia um rei.

E dos meus cabelos lavados, e ainda empoeirados da estrada, ele fez uma trança. E me disse:

'— Você é o seu único poder!'
'— Você é o seu único amigo!'
'— Você é a sua única força!'
'— Você é Deus!'

E, quando ele tocou o meu coração, eu me senti como o próprio Deus.

Aquele no meu caminho era a expansão do próprio mestre Buda. E ele disse que, quando eu estivesse velho, eu seria, também, um Mestre. Mas que, antes, eu precisava ser Homem.

E contando a minha história, eu digo a vocês, que foi muito, muito mais difícil, ser homem, aceitar a minha humanidade, aceitar os meus desafios, aceitar as minhas más qualidades para transformá-las. Tudo isso foi muito mais difícil do que me tornar um Mestre.

Hoje, eu sou Lanto... Mas eu já fui homem, eu já fui sombra. E venho, como o meu nobre amigo disse, incentivando vocês a plantar as suas maçãs.

Sugiro, meus filhos: vivam como nobres... Nobres almas, nobres destinos, nobres esperanças, para um mundo de realizações.

Aceitem ser homens, para se tornarem mestres!

Esta é a minha mensagem.

Coragem, aventura, amor, expansão da luz e dignidade!"

Será que podemos escolher agir com sabedoria?

Nos primeiros contatos que tivemos com os Elohins, não sabíamos exatamente o que esperar deles. Afinal, quem seriam eles? Seriam espíritos?

Aprendemos que a energia deles atua no nosso pensamento. Também foi nos ensinado que devemos criar espaço para o novo, e isto nada mais é do que abrir nossa mente para uma nova maneira de pensar.

Muitas vezes eles nos falaram que somos os responsáveis pelo nosso destino, e por tudo o que criamos à nossa volta...

No Segundo Raio, estamos nos conectando com a energia do "Saber", como transcrevo a seguir:

Mensagem enviada pelo Elohim Cassiopeia: A alegria é um estado natural da alma.

"A alegria é um estado natural do homem.

Quando o homem não está alegre, então ele está doente.

A doença se manifesta como o fruto de uma série de propósitos errôneos, pelos quais o homem acredita exercer influência e importância em sua vida.

Lembrem-se, meus filhos: o homem foi feito à imagem e semelhança de Deus, e Deus é pura e suprema alegria. Portanto, pensem nas suas vidas, pensem nos seus momentos, pensem nas suas tristezas, e descubram o porquê de cada um dos impedimentos que os fazem sentir-se tristes.

A tristeza é pura ilusão.

A alegria é o contentamento da alma.

Quando você se sentir triste, saiba que algo no seu comportamento, algo na sua mente, algo no seu coração está vibrando de forma errada.

Erradas não estão as pessoas, os impedimentos, as circunstâncias, os homens que os cercam, os momentos que vocês vivem.

Errado está você acreditando-se triste.

Procure viver a alegria, pois este é o único e verdadeiro estado da sua alma."

Cassiopeia, Elohim do Segundo Raio.

Infelizmente, fomos criados para sermos tementes a Deus e não para amá-Lo.

Deus é nosso pai, mas não nos sentimos Seus filhos. Daí advém todo o sofrimento.

O cristianismo largamente difundido no Ocidente nos reporta a um Deus que morreu na cruz para nos salvar, portanto, temos sérios motivos para sermos tristes e nos sentirmos culpados. Muitas vezes somos cobrados pelas pessoas à nossa volta por estarmos alegres, como se isso fosse um pecado.

As pessoas muitas vezes julgam a alegria como um sentimento irresponsável, afinal, como podemos ser alegres no mundo em que vivemos?

A sociedade nos cobra seriedade, como se a alegria fosse também sinônimo de irresponsabilidade. A Fraternidade Branca, nas palavras luminosas do Mestre Lanto, vem nos ensinar a nos libertar da culpa de sermos alegres.

"– Bem-aventurem-se", diz ele...

Nesta mensagem do Elohim Cassiopeia, esta ênfase fica ainda mais clara, como coloco a seguir...

Quando pela primeira vez tive contato com os nomes dos Elohins, achei interessante um deles se chamar Minerva, pois afinal conhecia Minerva como a deusa da sabedoria na mitologia romana. Será que seria a mesma energia?

Nesta mensagem, cheia de poesia, que transcrevo a seguir, o Elohim Minerva, que ainda não me esclareceu esta dúvida quanto a sua identidade, nos coloca em contato com a Chama Trina e a força que une os três primeiros raios. Esta conecção entre o Azul, Amarelo e Rosa refere-se à necessidade de interpenetrarmos fé, sabedoria e amor para melhorarmos nossa vida...

Mensagem enviada por Elohim Minerva: A sabedoria de acreditar em si mesmo.

"Eu chamo vocês para o despertar da Chama Trina.

Quando, às margens de um rio, o homem parou e pensou na beleza que o Criador depositou neste mundo, ele foi sábio.

Quando, às margens deste rio, o homem parou, tocou as águas e delas usufruiu, ele foi sábio e amoroso consigo mesmo.

Quando, às margens de um rio, o homem parou, olhou, e nele resolveu nadar, à procura de sua própria essência, então ele fez uso da sabedoria, da fé e do amor, porque finalmente ele acreditou em si mesmo.

As verdades espirituais devem, agora, ser praticadas, vividas e sentidas pelo homem.

Não há mais tempo de conhecer profundamente "bibliotecas, livros e tratados filosóficos.

É tempo de colocar em prática, na vida de cada um, o poder absoluto do amor; a crença absoluta no 'Eu Sou'; e a sabedoria absoluta de ser quem se é."

Minerva, complemento do Elohim do Segundo Raio.

Temos o hábito de associar sabedoria a um processo mental, ou talvez a um esclarecimento dos nossos pensamentos ou da nossa forma de pensar. No entanto, devemos lembrar que a Chama da Sabedoria atua também no Plano dos Sentimentos, por meio dos seus anjos. Há, portanto, um sentimento que também se chama sabedoria. Um sentimento de compreensão sobre o que nos cerca e sobre nós mesmos. Podemos imaginar algo mais simples e sábio que as Leis que regem a natureza? Podemos imaginar algo mais sábio que o instinto que perpetua a vida de um animal?

Não há no caso do animal nenhum processo mental envolvido, pois, por mais companheiros e amorosos que eles sejam conosco, sua reação não deixará jamais de ser instintiva...

Portanto, somos obrigados a ver a sabedoria também como um instinto superior, latente em toda a natureza.

A seguir coloco uma mensagem do Arcanjo Jofiel, representante da Chama Amarelo-Dourada, que nos fala da natureza sábia.

Mensagem enviada pelo Arcanjo Jofiel: A sabedoria de acreditar em si mesmo.

"Quando as nuvens enfeitam o céu, os homens olham e esperam a chuva. Sábia é a natureza que manda, em pingos, uma quantidade imensa de água, revitalizando a terra, fazendo crescer as plantas, alimentando aqueles que têm fome, criando contornos em montanhas e corredeiras nos rios.

Sábia é a Presença Divina.

Sábio é o homem que acredita na força do seu poder, na crença da sua luz. Queremos chamá-los a acreditar.

Queremos chamá-los a pensar com o coração.

Eu sirvo ao Segundo Raio, à Chama Amarelo-Dourada da Sabedoria.

Sou o Arcanjo Jofiel, que os chama à sabedoria de amar."

A Vida de Mestre Buda

Mensagem recebida em 8 de dezembro de 1999.

"Um dia, as roupas de um Rei, de um Soberano, foram puídas. Gastas pelo tempo, consumidas pelos caminhos tortuosos que ele escolheu para descobrir a sua divindade.

Um dia, os seus cabelos cresceram de maneira disforme, e a sua pele, antes alva, translúcida, fina como a de um bebê, se transformou numa crosta de sujeiras e bichos que por ele passavam, como se ele fizesse parte de uma paisagem destituída de beleza.

Um dia, a esperança que habitava no coração deste soberano se transformou em espinhos, que machucavam o seu coração.

Um dia, este soberano acreditou mais na dor do que na sua própria Luz. Tentando entender a miséria, ele se misturou profundamente a ela. Tentando entender o sofrimento, abusou e enfrentou-o na sua carne. Tentando entender a decadência e a velhice, ele permitiu que a sua natureza fosse maculada pelas vicissitudes e a dualidade da vida.

Um dia, este soberano não confundia mais a sua presença humana com a sua presença crística.

Um dia, o sol não nascia mais para ele como nascia, alaranjado e belo em todas as manhãs, revivendo as esperanças e contando histórias para o homem viver.

Um dia, este soberano não mais apreciou a beleza da noite e os aromas das flores que convidam o homem a amar, porque acreditou que a sua chama divina, o seu alento estava aprisionado por aquilo que ele entendeu como dor.

Então, este soberano acreditou mais no sofrimento do que na sua luz.

Ele se misturou à terra, querendo encontrar nela o sossego para os pensamentos desconexos que fervilhavam em sua mente.

Este soberano foi meio homem, meio terra, meio verme, meio esquecido. E, quando, no fundo da sua solidão, porque toda solidão tem fundo, este Homem, que já não se alimentava das comidas que fortalecem o corpo, nem das esperanças que animam a alma, foi tocado pela Luz.

Viu que não havia verdade no sofrimento, assim como não existia verdade nos grandes atributos que ele havia recebido durante a sua encarnação como rei.

Um dia, este soberano viu que não bastava ser rei dos homens e nem mendigo de Deus; nem ser mendigo dos homens e soberano na vontade de Deus.

Quando ele compreendeu os opostos, entendeu que tinha de ser apenas homem.

Um dia, este soberano compreendeu que deveria despir a sua alma, despojando-a do orgulho, libertando-a das nódoas das perfeições, que ele acreditava necessárias em sua vida.

Mas percebeu que não bastava se despir de suas vestes se a sua Alma estivesse encapuzada. E assim, ele começou a trilhar o caminho de volta.

E como este pêndulo tinha oscilado tanto pelos caminhos da dor, difícil foi compreender os caminhos do amor.

Como este pêndulo tinha oscilado tanto pelos caminhos do egoísmo, quando ele quis ditar as regras do próprio Deus, difícil foi o caminho do retorno, o caminho do equilíbrio, o caminho do estar bem consigo.

Este soberano, neste momento, tornou-se Deus. Iluminou-se.

Buda, ele foi chamado.

Seu nome foi consagrado como criador de uma grande religião.

Seu mantra pregado em todas as casas, em todos os corações e em todos os credos.

Isso foi o que esse Sidarta fez de si mesmo, para tornar-se Gautama – O Iluminado.

'Não é preciso', diz o Mestre, 'alcançar estágios tão profundos de sofrimento para entender que não existe verdade em sofrer'.

Diz o Monarca: 'Não é preciso flagelar o corpo e impedir a vida de se manifestar em vocês, como alegria, para justificar a sua espiritualidade'.

O verdadeiro homem, que serve ao espírito, é profundamente alegre, feliz, porque tem, dentro de si, o contentamento.

Porque tem dentro de si a ciência de contentar-se e a consciência de que, por mais escura que seja a noite, sempre haverá o dia.

E diz o monarca: 'Saber levar-se. Saber aceitar-se. Saber contentar-se'.

E diz o monarca: 'Sabedoria é o Sol, é o amarelo, é a luz, porque o homem deve aprender a ser o seu rei. Deve aprender o quanto controlar, libertar e equilibrar as suas vontades'.

E esse soberano, humildemente, serve à Fraternidade Branca com o objetivo de ensinar você, que se considera filho da Terra, a ser luz, a aceitar a sua semente crística e conscientizar-se de que é filho de Deus.

Sidarta, Gautama, o Cristo da Iluminação, o Buda da Compaixão, sejam quais forem os nomes que vocês invocarem, saibam que a Chama Amarela está a serviço da sua luz, do seu crescimento interno, do crescimento da sua esperança e do seu contentamento.

Amem, meus filhos, a si mesmos. E compreendam o quanto são amados e esperados por Deus".

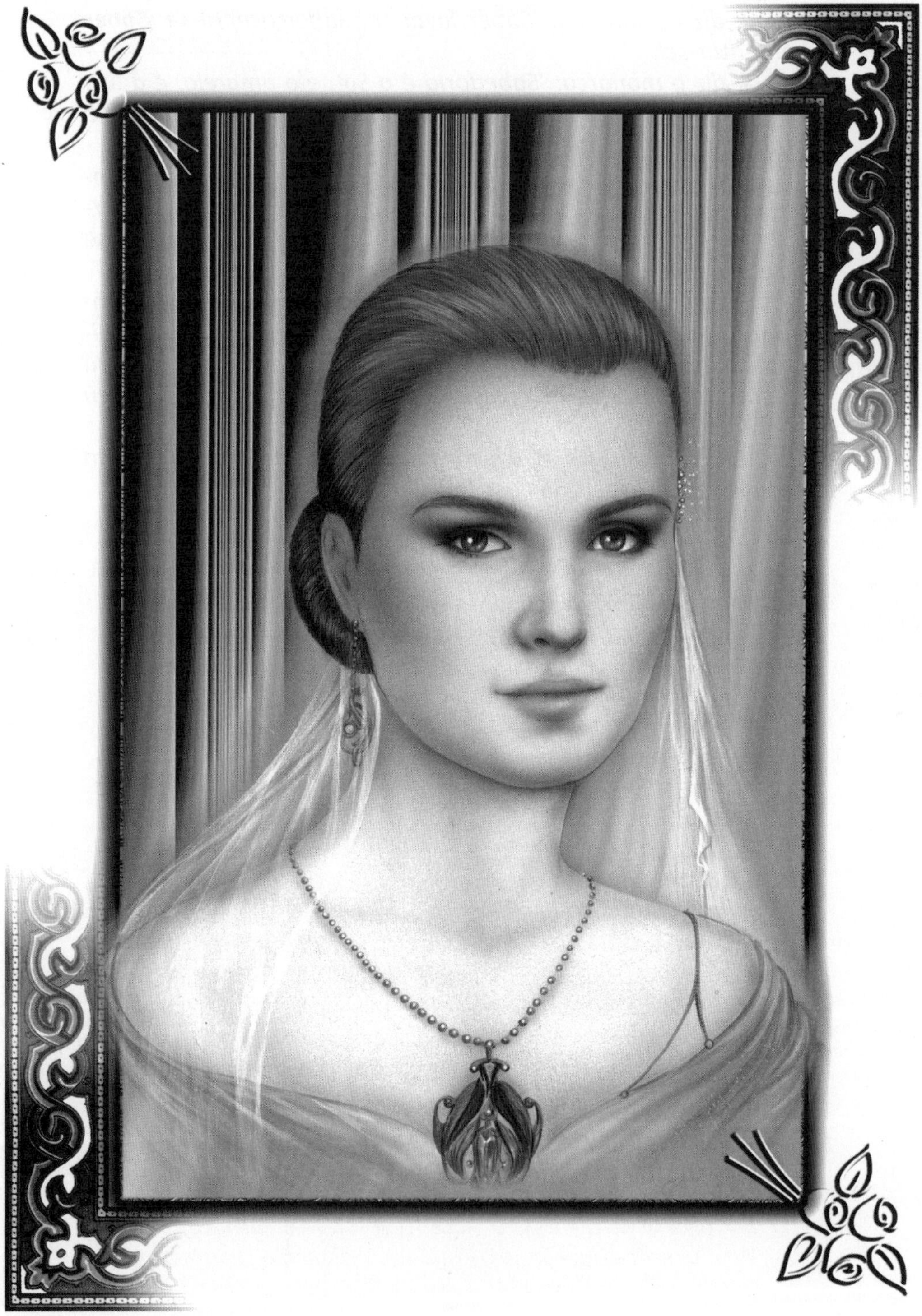

CAPÍTULO 11

A Vida de Mestra Rowena

Mensagem recebida em 20 de outubro de 1999.

"Eu nasci mulher, numa terra onde o certo era ser homem. Numa terra onde o certo era trabalhar arduamente para ganhar a vida. E nesta terra onde apenas os ricos tinham direitos, nasci pobre.

Nasci numa terra de profundos desencontros. De monções, em que as águas inundavam, e de secas, que partiam o solo e fazia a terra se quebrar como areia.

Nasci numa terra de desequilíbrios. E quando ainda criança, caminhava descalça e, sempre faminta, pensava em Deus.

Eu, que nasci numa terra de muitos deuses, não tinha nenhum no meu coração, e ainda assim achava que devia existir um ritmo, uma sabedoria, talvez até alguma história a ser contada, porque eu queria entender o mundo. Muito tempo da minha vida passei tentando entender o mundo. Entender a ideia que fazia com que os homens pobres jamais progredissem, e que mulheres se sentissem aprisionadas, desejando casar-se para resolver suas vidas, sofrendo e muitas vezes tirando a própria vida quando isso não acontecia.

Passei a minha existência tentando entender este ritmo, tentando calçar os meus pés descalços, tentando dar segurança aos caminhos que eu não encontrava.

Era tudo tão tortuoso e ressequido nas pessoas, que talvez fosse esse o motivo que fazia as águas virem e não pararem mais.

Fato é que nesta vida não me realizei, e acabei desencarnando aos quinze anos. Assim, levei ao mundo espiritual todas essas coisas que não compreendia. Quando morri, meu corpo era virgem, mas minha alma era cheia de sulcos profundos, causados pelo sofrimento. Eu queria entender o mundo, queria entender quem era aquele Deus na Terra de muitos deuses. Aquele que eu não encontrei, mas que ainda assim sabia que existia.

Todos os meus desejos pelas coisas materiais, sim, porque passei fome, passei frio, passei sede, sofri de doenças... Todas essas necessidades levei comigo com a minha morte. Porque, ao contrário do que diziam os outros, quando morri as coisas não se apagaram em mim.

Continuei pensando, tendo desejos, tendo ansiedades, e muito tempo passei cercada de incompreensão, tentando entender... Até que um ar rosa, uma luz rosa veio ao meu encontro, e eu lhes digo:
— Não fui eu que cheguei a Deus, foi Deus que chegou a mim.
E eu lhes digo: — Este 'ar' chegou a mim e me envolveu. Senti que finalmente minhas feridas tinham se secado, e que as dores tinham sido consumidas por ele.

Um sentimento maternal que me envolveu e mostrou que era necessária minha reencarnação, para que tivesse meus desejos saciados. Explicaram-me que aqueles desejos, que foram muito fortes, precisavam ser saciados. E assim eu reencarnei, agora numa terra onde a chuva vinha na época certa, onde a paisagem era verdejante, e onde as pessoas andavam vestidas com roupas suntuosas e usavam sapatos. Onde nunca me faltou o que comer, pensar, sentir, ver ou me envolver.

Nasci numa terra onde, logo criança, me calçaram sapatos; tão necessários foram e tão rapidamente supérfluos se tornariam...

Nasci numa terra de abundância e, ao contrário da pobreza que havia vivido tão fortemente no passado, dessa vez nasci rica e nem sequer conheci o que era ser pobre.

E numa terra em que antes vivi cercada por tantos deuses, desta vez me vi sem Deus nenhum, porque as pessoas não proferiam fé, amor ou devoção.

Vivi os extremos dos desejos, dos sentimentos. Assim como hoje vocês vivem os extremos do afeto e do desafeto, do medo, da ansiedade e das alegrias. Algo dentro de mim sempre me dizia que estava experimentando os opostos.

Aquela que eu fui, que não teve oportunidade de ver sua imagem sequer refletida num veio de água, nesta vida iria ser pintada por um grande artista. Eu era então uma nobre, que teria a imagem imortalizada num quadro.

Vesti roupas suntuosas... Passei semanas me preparando, me adornando de joias, anéis para levar nas mãos.

Criaram penteados para carregar em minha cabeça, tiaras para me enfeitar, joias que pertenceram às avós daquele corpo que então eu usava.

E, para minha surpresa, em cada encontro com aquele pintor, em cada olhar dele se dirigindo a minha pessoa, eu provava o desinteresse. Assim, aqueles sapatos, que um dia foram tão importantes, me pendiam dos pés... E eu me perguntava: '— Por que sapatos?'.

E aquelas roupas, que eu julgava tão belas e caras, passaram a me incomodar, passei a achar que me apertavam e desejei me libertar delas também. Aquele riquíssimo penteado e aquela cabeleira que foi colocada sobre minha cabeça faziam doer meu pescoço, e me perguntava:

'— Por que tudo isso?'.

Aqueles momentos, que antes eu julguara belos, agora eram intermináveis, e para mim se tornaram cansativos, enfadonhos e narcisistas.

Quando finalmente pude ver minha face pintada por aquele artista, vi que eu não era aquilo. Vi que não era aquela mulher que julgava ser, e aí caí num estado de profunda depressão.

Meus pais consternados não sabiam o que fazer comigo. Aqueles que tinham sido meus namorados, amantes e amigos, que haviam circulado no meu dia a dia, também se sentiam impotentes frente aos meus sentimentos.

O que fariam comigo? Como poderiam me ajudar?

Eu tinha como companhia apenas a solidão e os campos verdes que avistava do meu quarto, e que não mais me encantavam; nem os dias de sol me chamavam a atenção, nem sequer os dias de chuva faziam diferença. Foi nesse estado de profunda depressão que mais uma vez perguntei por Deus.

Quem era este Deus?

Quem poderia ser este Deus?

Desta maneira, numa noite solitária, vinda de um jejum prolongado, senti que os laços do corpo se afrouxaram e, sem ser ainda chamada àquilo que vocês conhecem como mundo espiritual, eu lá entrei.

Senti mais uma vez aquela sensação de equilíbrio.

Pessoas se aproximaram de mim, explicando que a emoção não é amor, não é o verdadeiro sentimento, e que estava sendo mostrado para mim o que era o verdadeiro sentimento, o verdadeiro amor. Que eu tinha escolhido tanto passar pela pobreza como pela riqueza, ter pais e não ter ninguém, ter pessoas que *cuidassem de mim e não ter ninguém que me ajudasse. Explicaram que isso havia sido uma escolha da minha alma para aprender a me centrar.*

E neste lugar, fui invadida pela Chama Rosa, e percebi que o seu calor estava me curando de todas as doenças e dores. Fui me sentindo fortalecida, amada, e não mais me importavam as paisagens, os pés vestidos ou descalços, as roupas suntuosas ou os trajes esfarrapados.

Eu fui inundada por Deus.

Assim, meus irmãos, eu não digo que ascensionei, digo que fui ascensionada.

Eu sou Rowena. Venho dizer que compreendo todas as limitações materiais que vocês vivem.

Venho dizer a vocês que tenho extrema compaixão pela falta de amor que muitos de vocês vivem.

Venho lhes dizer que jamais confundam sentimentos com emoções. Estas são passageiras, e algumas vezes trazem um consolo em forma de paixão, consolo ao corpo, mas jamais à alma.

Digo a vocês: a alma de vocês deve se apaixonar pelo seu próprio vazio, pela sua própria respiração. Assim, vocês estarão prontos para amar. Amar o outro... O filho, o pai, que até pode não ser o filho ou o pai de sua carne, mas este irmão, que você descobrirá por meio do amor e da paz, será o filho e o pai do seu espírito.

Venho lhes dizer que o único amor é espiritual.

Venho lhes dizer que sempre que precisarem e se sentirem perdidos em suas vidas, em suas ideias e reflexões, peçam por mim. Como amiga, eu virei.

Nós estamos trabalhando junto a cada um de vocês, junto a cada um daqueles que desejam o despertar. Porque Rosa é o amor, Rosa é a energia que derramo em cada um de vocês.

Não se envergonhem do seu passado mundano, das suas experiências negativas, dos seus desencontros e dos seus desamores, porque, se assim fizerem, a culpa jamais os libertará.

Entendam essas experiências como importantes pedras colocadas no caminho, para que vocês possam subir nelas e avistar a paisagem de lá de cima. Vejam sempre a vida de forma positiva.

Essa é nossa mensagem. A Fraternidade Branca, à qual eu pertenço, está aqui para estender as mãos a vocês e, como irmãos, nós dizemos que os amamos."

A Chama Rosa – Terceiro Raio

Despertar o Amor

Mestra: Rowena (Paulo Veneziano)
Características: Amor, perdão, desprendimento
Elohim: Órion/Angélica
Arcanjo: Samuel/Charity
Características: Amar a Deus para fortalecer a fé (adoração)
Local: Chateau Liberte – Jardim de Rosas
Energia desta Chama: Incentiva a fazer uso da Boa Vontade

O Terceiro Raio – Chama Rosa é a manifestação do amor, do perdão e do desprendimento. Esta Chama também é consagrada aos artistas e a tudo o que é belo.

Não precisamos ir muito longe para constatarmos a força da energia da Chama Rosa se propagando. Nós humanos apreciamos tudo o que eleva o nosso espírito. Admiramos a natureza a nossa volta, admiramos a face corada de uma criança, pois a beleza e a harmonia relaxam nossos instintos inferiores e nos chamam às vibrações superiores do amor.

O homem atual, vivendo nas grandes cidades, empenhado em ganhar a vida, muitas vezes deixa de desfrutá-la. Deixa de ver o que está à sua volta e perde a conexão interna com o seu Deus.

Os consultórios médicos e psicológicos estão cheios de pessoas que se esqueceram das maravilhas que graciosamente o mundo nos oferece, se aprisionando a uma deturpada visão do mundo e completamente inconscientes de sua realidade espiritual. Esquecem-se de que o corpo é a morada do espírito, e não o contrário.

No meu trabalho como terapeuta recebo muitas pessoas que querem saber do seu passado, pensando que ali estão as chaves dos seus problemas. Explico sempre a elas que o momento presente é um reflexo de tudo o que já fomos. Saliento também que para o plano espiritual não existe esse conceito aprisionador de um tempo linear, portanto, passado, presente e futuro estão intimamente interligados, criando tudo à nossa volta. Não temos à nossa disposição a liberdade de ser quem ou o que desejamos ser, justamente porque não somos livres nos nossos pensamentos.

A terapia de Vidas Passadas é uma excelente ferramenta para o autoconhecimento, pois funciona justamente nos mostrando que o passado não termina se ainda estamos guardando em nós os sofrimentos que um dia enfrentamos. É simples assim...Precisamos nos libertar das memórias inconscientes que o tempo todo nos limitam e perturbam.

Quando entro em contato com a energia do um novo cliente, sempre o proíbo de contar-me sua vida atual, explico que numa primeira vez é necessário guardar-se, pois a regressão que faço normalmente traz toda a história da pessoa. Isto acontece porque o contato é feito com a alma, que é atemporal, e não apenas com a mente consciente. É a alma deste ser humano que se apresenta, falando de seus desafios e das lições não cumpridas, que novamente estão tendo a chance de ser vividas.

Aprendi com os mentores que normalmente repetimos as tarefas que não concluímos. Aprendi também que concluir tarefas só é possível com amor.

A Chama Rosa nos ensina que quando amamos fechamos um ciclo que nos torna indiferentes ao sofrimento, talvez por isso o perdão esteja tão presente no Terceiro Raio.

O perdão é a ausência de qualquer outro sentimento, é o deixar fluir. É mais que um ato de supremacia frente à dor e ao passado. Sabemos, no entanto, que muitas vezes o desejo de perdoarmos alguém não basta, acabamos nos envolvendo numa demonstração tola de orgulho e superioridade, que na verdade não nos liberta do assunto em questão.

A Chama Rosa traz consigo a capacidade de amar com desprendimento, e o perdão é uma consequência do amor desprendido, quando não esperamos nada do outro, nem dos relacionamentos.

Conheço muitos casos de pessoas que, na ânsia de se desligar de um antigo relacionamento, separam-se brigando e cultivando o ódio. Quando novamente encontram alguém, acabam repetindo exatamente o mesmo erro. Acabam sentindo-se traídas e esquecidas por Deus, quando na verdade estão tendo novamente a chance de agir corretamente, se desligando pelo único caminho libertador, que é o perdão.

O perdão nos conduz à serenidade de não nos sentirmos mais abalados pelas diferenças, simplesmente deixamos de sofrer, e o assunto cai no mais absoluto esquecimento.

Repito sempre uma preciosa lição, que aprendi com os mestres da Fraternidade Branca:

"A vida não muda; nós mudamos frente à vida".

A seguir coloco a mensagem de Mestra Rowena, que nos fala desta mudança dos nossos conceitos sobre o amor e sobre a vida. Cabe ainda dizer que a Fraternidade Branca tem em Mestra Rowena e Mestra Nada do Sexto Raio a representação da figura materna. Tanto uma como a outra nos oferecem o tão desejado colo, o amor divino que sempre esperamos encontrar na nossa mãe carnal, e que nem sempre conseguimos, pois nossas mães sempre foram como nós o somos, apenas seres humanos, portanto, passíveis de erros e enganos. Rowena e Nada são representantes do amor de mãe que Deus tem a nos oferecer como Seus.

Outra importante figura materna é representada pela energia feminina de Mãe Maria; ela muitas vezes trabalha com a energia angélica no despertar do amor.

Em cada reunião que alguma dessas personalidades se apresenta, a comoção é enorme. As pessoas muitas vezes choram como crianças, pois sentem suas almas serem tocadas por elas. Gostaria de passar a você, amigo leitor, mais que as palavras da Mestra Rowena, mas a emoção que sentimos ao ouvi-las.

Mensagem enviada por Mestra Rowena: As pétalas do amor.

"Quando alguém vê as pétalas espalhadas de uma rosa, não duvida que um dia essa bela flor teve aroma, forma, perfume e a função de enfeitar, onde quer que ela tenha nascido. Assim dever ser o amor que vocês cultuam em seus corações, ainda de uma forma tão egoísta.

O Amor, antes de ser sentido por alguém que o recebe, deve ser oferecido, pois sábio é aquele que doa, e egoísta é aquele que só quer receber.

Pensem nas pétalas que um dia foram uma flor, e que, mesmo sendo pétalas, não perderam o seu perfume. Pensem nas pétalas, que um dia fizeram a beleza de uma flor, mas que não perderam a oportunidade de oferecer o belo. Pensem nas pétalas, que um dia, como um todo, uma grande flor, perfumaram o ambiente e enfeitaram a casa de alguém e ainda não perderam a capacidade de oferecer o seu perfume...

Eu escolhi a Chama do amor incondicional para trabalhar e para servir. Eu sou Rowena e venho aqui lhes ensinar o amor como caminho da salvação.

O Homem tanto fala em destinos infelizes, de falta de realização em sua vida, de amores mal resolvidos... e se esquece de amar. Esquece da solução que o amor oferece.

O Homem tem o sentido da cura. Vocês podem me perguntar porque o amor cura, e eu explico: porque o amor eleva, o amor sublima, o amor compreende, o amor explica, o amor sente, o amor se espalha.

O Homem entende sua capacidade de amar, como a capacidade de constituir família, de amar como pai, como irmão, como amante, ou ainda como amigo. Mas, a Chama Rosa entende o amor apenas pelo sentimento de amor.

Amem. Amem quem quer que seja, seja como for, seja onde for. Apenas por sentir esse sentimento que eleva.

Fagulhas do seu espírito se ascendem quando permitem que o amor queime em vocês.

Existe uma química que afeta não somente o corpo sutil, não apenas o corpo vibracional, não apenas a sua aura, mas também o seu corpo físico, a sua emoção, a sua mente. Esse é amor que eleva.

Esse mundo, o planeta Terra, foi constituído pela energia amorosa que permeia todo o Cosmo. Vieram os Elohins, a força criadora do amor, vieram os Elohins da Sabedoria, vieram os Elohins da Fé. E como há uma verdade espantosa no espírito, no qual não existem diferenças, credos, crenças ou seres diferentes de outros seres, nem homens ou mulheres, criou-se esse mundo pela espantosa semelhança entre pensamento e sentimento, que pode ser chamado de coesão da alma.

E é isso que eu quero lhes dizer: amem com coesão. Esqueçam-se dos rótulos, esqueçam-se de compartimentar o amor.

Quem é capaz de amar o filho e não amar o pai, não ama.

Quem é capaz de amar o amante e não amar a si mesmo, não ama.

Quem é capaz de amar o irmão e não é capaz de amar um outro ser humano, não ama.

Vocês fazem, na Terceira Dimensão, apenas o experimento do amor. E, assim, por exemplo, o pai quer dar ao filho todas as condições de vida; assim o amante quer dar ao amado todas as condições de alegria, felicidade, prosperidade.

Quero lhes ensinar a prosperidade, que é a capacidade de serem pétalas. Isso pode lhes parecer extremamente egoísta, mas eu, como mestra do amor, afirmo: não há egoísmo em amar a si mesmo.

A primeira noção desse amor por si mesmos é a aceitação.

As pétalas sabem da sua capacidade de, juntas, formar uma flor, e, ainda assim, quando a morte representa o desencadear dessas pétalas ao vento, elas ainda sabem que são rosas, e que são amor.

Aceitem a sua natureza inferior. Aceitem o seu corpo. Aceitem a impossibilidade de esse corpo voar como os pássaros. Aceitem a incapacidade de esse corpo se locomover como vocês se locomoviam quando eram crianças. Aceitem a incapacidade de serem homens ou mulheres perfeitos.

Quando o homem aceita as suas limitações naturais, elas deixam de existir. Quando o homem ama a sua natureza inferior, ele começa a se desligar daquilo que o prende no conceito de inferioridade.

Todos vocês, antes de ser um corpo, são espíritos. Mas, por passar pela experiência de estar encarnados, terão a chance de redescobrir o seu espírito.

Perguntas pairam no ar: – Se somos espíritos, por que encarnamos? E eu, como mestra do amor, respondo: – Vocês vieram de pontos longínquos do Universo. Há seres aqui que nada têm a ver com o outro que está a seu lado.

Vocês ocupam um corpo humano para criar semelhanças.

Na verdade, o espírito de vocês têm formas distintas e diferentes. O corpo humano é somente um uniforme.

Mas, se estamos dentro desse corpo, devemos respeitá-lo e amá-lo.

Estar encarnado é uma grande bênção! Mas não é um fim em si mesmo. Vocês não devem se consumir por estar encarnados, mas, sim, devem ascender novamente aos seus mundos de luz, por suas consciências clarificadas.

E para muitos aqui no planeta, para muitos aqui presentes, é chegado o tempo de deixar o uniforme. No momento oportuno, na hora certa, quando for a hora de vocês desencarnarem, irão voltar aos seus mundos de origem mais sábios, mais amorosos, mais complacentes. E serão, nestes mundos de origem, professores no amor, professores no perdão, professores na compaixão, professores na solidariedade, na humanidade... Porque, antes de qualquer outro sentido, a palavra humanidade quer dizer aprender a amar o seu semelhante.

Deixo minhas bênçãos e minha luz aos meus alunos."

Devemos esclarecer que a energia do Terceiro Raio continua o processo libertador iniciado nos dois primeiros. Na Chama Azul – Primeiro Raio nos libertamos pela fé, que nos leva a acreditar na divindade. Na Chama Amarela nos libertamos pela sabedoria, que nos leva a ver a vida e o mundo à nossa volta como nossa grande família cósmica, constatando então a nossa filiação divina. Já o Terceiro Raio – Chama Rosa continua o trabalho libertador pelo amor, por meio do qual somos finalmente capazes de anular o poder aprisionador com o perdão; tudo se suaviza e deixa de nos afetar, e de, consequentemente nos trazer sofrimento. Assim, a importância salientada sobre a natureza dos três primeiros raios se interpenetra.

Esta associação forma o corpo divino, que constitui a Chama Trina.

Os Elohins, que estão a serviço da Chama Rosa, estão incansavelmente trabalhando para o despertar do amor, e sua atuação no plano do pensamento faz a ponte de ligação entre a mente e o espírito.

O serviço prestado pelos Elohins Órion e Angélica está associado à manifestação do poder da Chama Rosa. No nível consciente da pessoa ajudada, faz os pensamentos tornarem-se mais complacentes e amorosos.

Numa das manifestações, o Elohim Órion falou em assentamento, referindo-se a um ritual especial que fizemos, pedindo a ancoragem da Chama do amor. Enfeitamos a nossa sala com muitas rosas, e ali fizemos orações em conjunto.

Você poderá pedir em sua casa a presença desses seres de luz, e também fazer o assentamento desta energia em sua vida. Lembre-se de que nada acontece por acaso e, se você está lendo este livro e desejou participar deste momento de luz, faça vibrar esta mesma energia em sua vida. Traga rosas, acenda insensos também de rosas, tome um banho especial com um chá desta flor e finalmente faça suas orações, pedindo a presença da Chama Rosa em sua vida. Tenha a certeza de que suas preces serão ouvidas.

Recebemos uma nova mensagem assinada por Órion e Angélica, que dizia assim:

Mensagem enviada pelo Elohim Órion e Angélica: Transformar através do amor.

"Órion é meu nome.

Quero colocar na frente de cada um de vocês um espelho que lhes mostre suas máculas espirituais, tristezas e doenças que cada um de vocês impôs à sua vida, impôs ao seu caminho e impregnou a sua alma de manchas.

O amor é o único poder que pode lhes mostrar suas falhas, é o único sentimento que pode aflorar no homem e mostrar as suas diferenças, pois o amor é o único e verdadeiro argumento divino.

Sem amor, aquele que apontar a sua falha será um inimigo.

Sem amor, aquele que lhe mostrar onde dói não poderá curá-lo.

Sem amor, aquele, que com toda boa vontade do mundo, tentar ajudá-lo, somente afundará com este outro ser.

Quando falamos de salvação, de libertação, falamos do poder da adorada Chama Trina. Falamos de conceitos que não devem mais ser apenas conceitos, mas que devem ser, daqui para frente, atitudes práticas na vida do homem.

Portanto, pensem, sintam e vivam através do amor."

Foi bastante interessante trabalhar com os Elohins, pois no meu entendimento amor era apenas um sentimento. O que nos foi mostrado, no entanto, é que o amor, antes até de ser um sentimento, é uma energia, uma vibração. É incrível, mas constatamos que justamente por nos desvincularmos de uma forma limitada na maneira de ver a vida, estamos também nos desvinculando de aprisionamentos.

Você, caro amigo, deve estar pensando por que falamos tanto em libertação. Devo esclarecer que a Fraternidade Branca trabalha justamente para libertar o homem das amarras que ele criou para si, pois é tempo de voltarmos a viver felicidade original do nosso espírito. Muitas vezes me lembro de uma mensagem em que os Elohins nos pediam para tirar os óculos...

É hora de ver a luz. É hora de sentirmos a vibração do amor em nossas vidas. Chega de desnecessárias penitências.

A Vida de Mestre Paulo Veneziano

Mensagem recebida em 3 de maio de 2000.

"Eu fiz Deus no barro. E do barro criei estátuas, porque tinha uma necessidade muito grande no meu coração que era tocar Deus,

sentir Deus, como se sente as pedras frias debaixo dos pés, como se sente as mãos quentes de quem ama, e os olhos de quem nos acusa.

Na imperfeição da argila, eu moldei Deus. Criei um Deus para que fosse meu, para que eu tivesse um Deus para adorar.

Era um homem, cheio de incógnitas e mistérios. Mistérios de uma alma que não conhecia; mistérios de mim mesmo. Mistérios que sequer tinha coragem de conhecer.

Eu sou um artista e, como todos os artistas, tenho dentro de mim o desejo da perfeição. E como artista eu moldei Deus; muitos deuses e muitos altares.

À medida que meu corpo crescia, meus dons artísticos se afloravam, e eu podia expressar, através das minhas mãos, o que ia ao meu coração. Eu queria um Deus perfeito, então muitas vezes eu fiz e quebrei meus ídolos. E quando achava que Deus estava ali perfeitamente expresso em minhas obras e levava aquela peça para queimar no forno, ela se quebrava... Eu chorava, chorava as lágrimas como as de um pai que perdeu um filho; porque, na minha loucura insana, comecei a sentir que era dono daquilo, que Deus estava nas peças que eu criava, naquelas peças que se alongavam ou que se reprimiam, e nas mãos que juntas mostravam oração. Pensei que na minha casa eu tinha Marias, mães e Cristos sem cruz.

Eu era um artista e tinha a sensação de que meu coração iria proferir frases no meu lugar. Exigia de mim a perfeição, e dos meus traços a beleza, porque não admitia um mundo de pessoas feias, de corpos que envelhecem, de doenças, de dores, de lágrimas, de crianças mortas, de famílias abandonadas e mulheres traídas. Esse não era o meu mundo.

Desejava um mundo perfeito, então, quando as minhas imagens não ficavam a meu contento, simplesmente as quebrava. Porque quando quebrava, partia aquele Deus imperfeito. Achava que poderia construir outro a meu contento, talvez um Deus criança, que pudesse envolver em meus braços, porque eu era um artista.

Eu constituí família, tive mulheres que amei, e quantas amantes... E quantas curvas arredondadas coloquei no meu pincel, e quantas prostitutas eu tornei santas em meus quadros, e quantos rostos infelizes fiz alegres nos meus quadros...Sempre buscando a perfeição.

Pai, como desejei tua presença.

Pai, quanto quis a tua mão perto de mim, para me guiar. Quanto queria captar a tua beleza, para colocá-la na minha vida.

Eu queria mais perfeição mais luz, mais beleza, mais sabedoria, expansão, discernimento e brilho...

Quando já era um artista consagrado, um homem famoso, passava dias no meu atelier, debruçado sobre meus esboços, passei a ver luzes e não entendia. 'O que era isso?', perguntava-me.

'O que estava me perseguindo?'

Pensei que era o efeito das tintas ou do cansaço. Até que numa dessas visões, uma luz Rosa penetrou a minha sala, e essa luz, sem forma, mas com sentimento, sem contornos, mas com compreensão, sem limites, mas com sabedoria, me disse:

'– Paulo, não limite a vida, não pense que nos caminhos tortuosos não se encontra beleza. Não pense que na doença não existe um profundo aprendizado. Não pense que as crianças abandonadas, como hoje faz com seus filhos, não aprendem com o abandono. Meu filho, meu querido filho, há muita sabedoria no sofrimento. Quando você se libertar desse apego à perfeição, a sua luz se manifestará, e você irá perceber a beleza dos contornos sinuosos das montanhas, a beleza dos galhos tortuosos das árvores, e a vida assim será completa, e Deus não será barro nem tampouco quadros desenhados ou figuras limitadas. Deus será você, e sua própria luz'.

Eu, então, envolto no meu sonho, envolto nesta energia amorosa que recebi, olhei para um espelho sujo, que estava largado num canto do meu atelier, e vi que não era mais jovem. Percebi que meus cabelos estavam em desalinho, meus sapatos estavam furados, minhas mãos gastas pelo meu trabalho, pelas esculturas. E ainda assim me vi tão belo e forte...

Naquela noite, pensei na minha vida, e lembrei da minha infância... Filho de pai rico, porém, bastardo, lembrei da minha mãe, uma jovem tão bonita quanto distante. Lembrei dos anos que passei solitário, e lembrei também da minha busca pela perfeição. Foi como se um grande entendimento fosse tomando conta de mim e grandes nódoas obscuras me fossem sendo tiradas. Olhei meus caminhos passados e compreendi meus caminhos futuros...

Olhei meus deuses de pedra, e vi neles retratada minha essência divina. Foi assim que me tornei um artista do Terceiro Raio – Chama Rosa.

Depois da minha morte, fui levado aos mundos de luz, e acabei por tornar-me um Mestre desta Chama.

Tanto quis o amor, tanto quis compreendê-lo que, na minha sabedoria humana, portanto, limitada, oprimi este sentimento tão bonito. Hoje venho aqui lhes dizer:

– Aceitem as suas limitações, aceitem os seus pequenos e grandes atos falhos; e não se culpem por aquilo que não são capazes de fazer, não limitem sua capacidade de amar.

O amor é o sentimento de expansão que deve ser desperto no coração de vocês. O amor é o que propicia que o mundo se mantenha, que os astros se alinhem e que o Universo continue o seu eterno amanhecer e despertar.

Amem a si mesmos e suas pequenas imperfeições, porque amar é o único sentimento que possibilita a ascensão.

Sou Paulo e trabalho a serviço do Terceiro Raio, a Chama do Amor. Deixo minhas bênçãos e meu amor a cada um de vocês."

Finalmente na mensagem do Arcanjo Samuel, que nos ensina a amar a Deus para nos fortalecermos na fé, completaremos o ciclo de trabalho da energia da Chama Rosa.

Devemos aprender que o amor é uma força que soluciona os maiores problemas e transforma dificuldades em chances de aprendizado.

Veja a seguir.

Mensagem do Arcanjo Samuel: Asas do amor

"Asas são feitas através das plumas do amor.

A luz é feita através da irradiação do amor, e o homem nada mais é que um filho desta emanação de luz, portanto, um filho do amor.

Venho dizer a vocês que são meus, porque os amo, e faço um chamado: despertem para o amor.

Compreendam que situações difíceis, que momentos complicados na vida de vocês, podem ser resolvidos através do amor.

O amor é o grande remédio e o grande destino.

O amor não é feito apenas de demonstrações de carinho. Amor não é feito apenas de corpos alisados, ou de entrelaçamentos de ordem sexual.

O Amor é feito da mais pura vibração; do mais desinteressado amparo, afeto e energia.

Portanto, amem.

Amem de forma desapegada, amem de forma construtiva, amem aqueles que os ofendem, amem aqueles que os magoam e amem aqueles que os amam, que é muito mais fácil.

É importante desenvolver a plena e total capacidade de amar."

Quando pela primeira vez Mestra Rowena, Mestra da Chama Rosa – Terceiro Raio, Amor Incondicional – Perdão, apareceu num trabalho de Vidas Passadas, dando orientações para uma cliente, imediatamente senti a sala ser invadida por uma suave luz cor-de-rosa. Rosas desabrochadas e perfumadas foram espalhadas no astral, e pude ver, com os olhos da mente, o seu manto levemente colorido, com nuanças de rosa, azul e amarelo, ser estendido sobre nossas cabeças. Não preciso dizer que ambas derramamos sentidas lágrimas.

Não era uma emoção comum, ligada à dor. O que nos emocionou foi o seu amor.

Aprendi naquele momento que o amor cura.

O amor liberta...

Assim, quando acabamos a sessão, com as palavras transmitidas por Mestra Rowena ainda ressoando no ar, estávamos as duas em estado de êxtase com essa presença luminosa, fazendo nossos corações pulsarem aceleradamente.

Essa minha colega era uma estudiosa dos ensinamentos dos Mestres dos Sete Raios, e não cabia em si de alegria de ter recebido orientação direta de Mestra Rowena.

Fiquei também profundamente agradecida e entusiasmada com a luz desse guia espiritual, sem compreender ao certo a força que se manifestava ali na minha sala. Desde então, comecei a unir as informações que recebia e a conectar as ideias, procurando sempre aprender um pouco mais.

Hoje, compreendo melhor que a Fraternidade Branca e seus Mestres estavam se aproximando de mim, e que, por sua imensa sabedoria, tocaram o meu coração e não a minha mente. Se eu estava sendo preparada para ser um "Canal", não seria exatamente estudando que isto viria a tornar-se uma realidade, mas sentindo e praticando os ensinamentos que chegavam até mim.

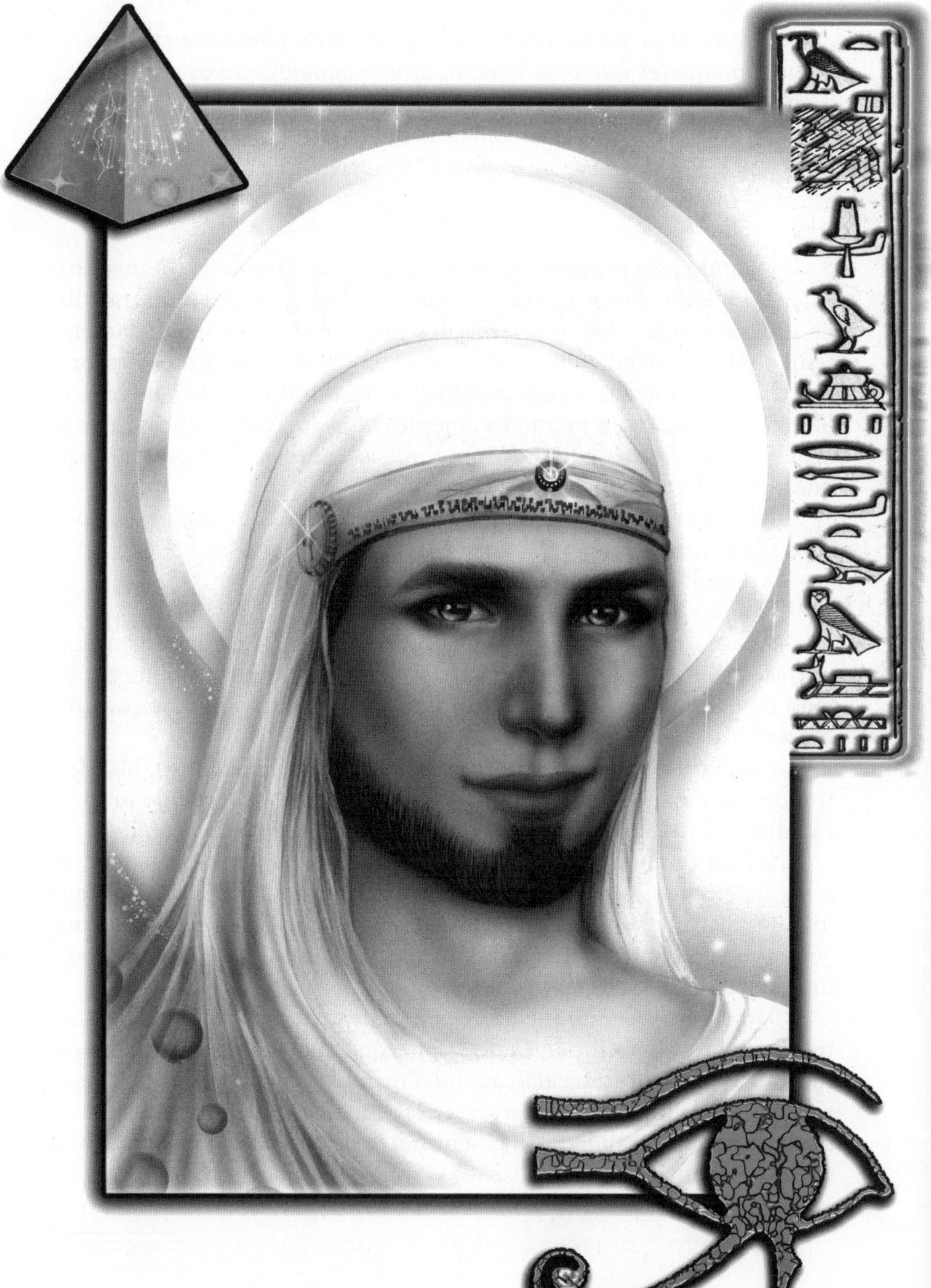

CAPÍTULO 12

A Vida de Mestre Seraphis Bey

Mensagem recebida em 28 de junho de 2000.

"*Enquanto rolavam os tornados, enquanto caíam os meteoros, enquanto a Terra estava se formando para ser o que ela deveria ser, eu era um simples ajudante do Pai. Eu hoje sou Seraphis Bey, mas apenas Bey é o meu nome. Eu vim aqui antes deste mundo ser mundo. A Chama Branca era então a cor que revestia este planeta, porque a bola de fogo incandescente, em contato com as forças do Universo, se transformava numa crosta de gelo, e assim, desde o início dos tempos, a hierarquia espiritual à qual pertenço trabalhava na crosta do planeta.*

Sempre houve um plano de luz para a Terra; sempre houve uma ideia espiritual para o desenvolvimento da humanidade planetária.

Eu estive aqui desde o começo, como um aprendiz. Aprendiz como vocês o são. Nós amamos vocês, os nossos filhos, porque vemos a capacidade de aprender com as suas falhas, de melhorar com seus problemas. E assim, eu fui muito amado por Deus e amo profundamente este planeta e todos os meus queridos irmãos e filhos, porque, apesar de nunca ter tido forma física já que eu nunca encarnei completamente, nunca fui homem, eu me sinto pai de vocês. E quando ouço algum discípulo, que não nos conhece o suficiente, referir-se a mim como um Senhor do Carma, como alguém que aponta as falhas e diz apenas o que é certo e o que é errado, meu coração se entristece, porque não sou conhecido, tampouco amado, tampouco intimo de nenhum de vocês.

O Carma é visto como uma doença, como uma espécie de lixo, e religiões e mais religiosos usaram deste desconhecimento para fortalecer as suas crenças dominadoras. Assim, esqueceram-se de que, se há uma lei que deve ser respeitada, é a lei do amor, porque se unidos vocês estiverem, à lei do amor não cometerão mais abusos, não serão mais egoístas, não agirão como pessoas inconsequentes, não maltratarão a si mesmos e nem ao próximo. E assim, livres também estarão do domínio da Lei do Carma.

Meus filhos, meus amados filhos, percebam que o único aprisionamento que realmente existe está dentro de cada um de vocês. É tempo de não mais se enxergarem prisioneiros e de cada um de vocês acreditar na sua libertação.

Eu sou Seraphis Bey. Abro minhas asas de anjo para proteger todos os aqui presentes. Recebam minhas bênçãos cristalinas, meu amor, minha luz. E se alguém aqui presente, por qualquer motivo que seja, deseja rever algum ato falho e retomar o caminho da verdade, aproveitem a minha presença. Eu quero também, como meus amados irmãos, me oferecer para ser Pai, porque eu vos amo e posso aliviar a sua carga."

A Chama Branca – Quarto Raio

A Chama da Ascensão

Mestre: Seraphis Bey
Características: Pureza (Plano imaculado), Ascensão
Elohim: Claire/Astrea: Ensinam a purificação
Arcanjo: Gabriel (Mensageiro de Deus)
Características: Traz a esperança e a ressurreição
Local: Templo de Luxor – Egito
Energia desta Chama: Chama da Ascensão – Queima do Carma

A Chama Branca é a manifestação do Quarto Raio, que é conhecido como o Raio da pureza e da ascensão.

A ideia de pureza e de ascensão nem sempre é clara para a nossa compreensão, pois estamos, infelizmente, muito afastados da essência da nossa alma, que naturalmente é pura. Nossa mente está contaminada por uma série de conceitos que vêm se agregando à nossa natureza crística desde o início de nossa experiência no planeta Terra, maculando o nosso ser e impedindo o contato natural e luminoso com o nosso espírito.

Em essência, somos puros e capazes de grandes realizações. A proposta da Chama Branca é justamente o despertar dessa força interna, porque a Chama Branca está intimamente associada aos compromissos cármicos que nos aprisionam e limitam nossa atuação.

Devemos, aqui, abrir um parêntese para compreendermos o que vem a ser carma na visão expandida que a Fraternidade Branca nos traz.

Nos universos superiores de luz, carma está associado à própria força divina, pois não existe carma livre de Deus.

A sociedade ocidental fez mal uso desta palavra que, na sua origem, o sânscrito, quer dizer "ação". Portanto, carma é ação, e não punição pelo mal feito. Claro que estamos inexoravelmente ligados aos frutos de nossas ações, que vêm a ser uma expansão de nós mesmos. E assim, inevitavelmente, colhemos o que plantamos.

Se acaso por um segundo a Lei do carma deixasse de existir, deixaria também de existir todo o Universo, já que esta é uma das leis que regem o Cosmo; ela é uma força motriz que o mantém.

A Chama Branca está ligada ao processo de libertação e ascensão planetária, pois conduz o homem ao autoconhecimento e consequente à aceitação do seu ser crístico, levando toda a esfera planetária a elevar seu nível vibracional, produzindo assim um carma luminoso, por uma ação livre de egoísmo, portanto, libertadora.

Quando um ser humano, por sua tomada de consciência e consequente mudança em suas ações, se liberta de compromissos cármicos, leva também a libertação aqueles que estão à sua volta.

Imagine um rádio; se mudarmos a estação em que estamos sintonizados, o aparelho receptor começará imediatamente a tocar um outro tipo de música, e todos à sua volta poderão ouvi-la. De igual maneira, a mudança de frequência vibratória, que fazemos quando mudamos nossa forma de ver a vida e suas experiências, afeta a todos que estão à nossa volta.

Da mesma forma que não se pode conter um som, pois, querendo ou não, as pessoas receberão a sua vibração, igualmente não se pode conter uma vibração luminosa e libertadora.

Desde tempos imemoriais, a Chama da Ascensão tem sido alvo de controvérsias, sendo associada a ajuste de contas, sofrimento e expiação. Isto se deve ao fato de que o homem tem medo de se deparar consigo mesmo, pois o encontro com sua natureza interna é também um encontro com o seu carma, e com sua possível libertação.

Devemos esclarecer que as hostes divinas não trabalham com a dor e com a punição, como aconteceria num julgamento aqui na Terra... Os senhores do carma, que são os seres que servem a Chama Branca, têm a função de nos ajudar na nossa orientação para a libertação. Trabalham incansavelmente pela nossa evolução.

Na medida em que alcançamos níveis mais sutis, vamos ganhando consciência e naturalmente aprendemos melhor como agir. Assim, seguindo as orientações da Fraternidade Branca, poderemos usar a Chama Branca para nos limparmos de nossos males.

Nossa sociedade, vítima do medo, acredita mais em culpa e em punição, do que em consciência, responsabilidade e possível libertação.

Assim, as pessoas se acostumaram a colocar a culpa pelos seus infortúnios em condições externas, em outras pessoas, no destino, e criaram para si um mar de impotência.

A Chama Branca nos leva justamente a ter consciência de nossos atos e de nossa liberdade de ação, mas, para que possamos nos libertar das terríveis amarras do sofrimento, punição e culpa, é necessário enfrentarmos e superarmos esses que até então foram os nossos limites.

Enquanto o homem mantiver dentro de si a ideia de que precisa se defender de tudo, criando máscaras para depois ter de sustentá-las, estará sujeito ao pensamento e ao julgamento alheio, e, o que é pior, ao seu próprio julgo. O que a Chama Branca propõe é a queda das máscaras, para que cada um de nós possa ser, corajosa e exatamente, quem realmente é.

Para que se manifeste em nossa vida a imaculada e poderosa força da presença "Eu Sou", é preciso ter a coragem de ousar limpar-se.

Mensagem enviada por Mestre Seraphis Bey: Libertação do Carma.

"Para aquele que quer iniciar-se, cada vez mais duros serão os caminhos, cada vez mais difíceis serão as provas, e cada vez mais complicadas as suas provações.

Pensem, filhos meus: como é difícil o caminho daquele que quer encaminhar-se para sua própria luz. Pensem na quantidade de aprisionamentos que vocês têm em suas vidas, e não me refiro aqui a suas famílias carnais. Refiro-me a família dos pensamentos que vocês têm. Porque pais, mães e filhos devem ser amados e respeitados.

Quando você sente dor em relação àquilo que seu pai lhe fez, essa é a libertação que você deve conquistar. Quando você sente raiva daquilo que sua mãe um dia lhe impediu de fazer, é disso que deve libertar-se. Quando você sente ódio de um irmão, que não é seu irmão da carne, mas está ali todos os dias perto de você, é disso que você deve libertar-se. Quando você sente posse em relação a quem você ama, é disso que você deve libertar-se.

Família, amigos, amantes e a vida são experiências humanas, e para isso não há libertação. Para isso há amor, e deve haver. Para isso há compreensão e fraternidade. Para isso estamos aqui, como membros da Fraternidade Branca.

Eu sou Seraphis Bey e trabalho na libertação dos seus carmas, do carma planetário, do carma individual e do carma familiar de cada um dos aqui presentes.

O carma existe e deve ser respeitado. Jamais o Universo funcionaria sem a Lei do Carma. O que propomos a vocês é a consciência da libertação através do amor e do perdão. Mas, lembrem-se: tudo o que foi plantado será colhido. Se plantaram limões, não esperem colher maçãs, já dizia um sábio homem. Portanto, meus filhos, tudo o que vocês fizeram, um dia será colocado à prova. No entanto, eu como mestre da ascensão, como mestre da Chama da libertação, vos digo: a libertação é simples e fácil, quando há amor.

No entanto, jamais, jamais ousem dizer que carma não existe. Cada um de vocês, que ocupa um corpo, o faz por um processo cármico. Cada um de vocês, que tem uma doença no seu corpo físico, tem por um processo cármico.

Cada um de vocês tem a vida que tem, as possibilidades materiais limitadas ou não, por um processo cármico.

A Chama da ascensão é a libertação do carma, e é isso que estamos colocando em suas vidas.

Não confundam as palavras. Não queiram ser mestres, quando ainda estão engatinhando em seu aprendizado espiritual. Deixem a ciência do espírito falar com vocês. Deixem a ciência do coração protegê-los, ampará-los e ensiná-los.

Eu sou o mestre da ascensão, e aqui venho lhes dizer: Compreendam a libertação, mas, principalmente, sintam no coração."

Esta mensagem de Mestre Seraphis Bey coloca uma luz no nosso caminho de autoconhecimento. Ele nos esclarece muitas dúvidas, dizendo que somos nós os responsáveis pelo nosso destino.

No meu trabalho como terapeuta, recebo constantemente pessoas que acreditam que as causas de suas infelicidades se encontram no carma, e, já que é uma situação cármica, acreditam que nada podem fazer... Tenho explicado que somos nós que fazemos o nosso carma. Claro que às vezes nossas ações no passado não podem ser descartadas, mas para isso sempre há chance de sermos abençoados pela graça divina.

Convivo também com muitas pessoas que acreditam que agora que conheceram a Fraternidade Branca e que estão tão próximas de Deus não irão mais sofrer... Infelizmente, isto não é assim. Aprendi com os Mestres que, mesmo que agora tenhamos aprendido a agir de forma mais consciente e amorosa, aquilo que fizemos no passado não poderá simplesmente ser apagado ou esquecido.

Sai Baba usa um exemplo que muito me esclareceu. Na sua infinita sabedoria, ele disse para pensarmos no carma como as hélices de um ventilador: mesmo que o aparelho seja desligado, ainda por um tempo, pela inércia, as hastes continuarão o seu giro. Desta forma, podemos compreender que não há fuga das consequências do nosso passado o que existe é a consciência para modificarmos ações futuras...

Como pensam alguns, o passado é perfeito e, já que não podemos mudá-lo, podemos usá-lo como referência para futuras escolhas...

Tenho muito que agradecer a Deus, pois, no meu caminho, sempre que desejei respostas, elas vieram até mim. Sai Baba foi e é a referência viva das verdades espirituais, e mesmo agora, quando aprendo tanto com a Fraternidade Branca, não posso deixar de fazer as ligações com tudo aquilo que Ele me ensinou. Devemos entender que o plano espiritual interage em nossas vidas, e que Deus não tem raça, credo ou religião.

Hoje, passado algum tempo do primeiro contato que tive com a Fraternidade Branca, compreendo melhor sua função em minha vida. Vejo que os Mestres vieram ensinar-me que não é possível amar o Deus fora, se não amasse verdadeiramente meu Deus interno...

Mensagem enviada pelo Elohim Claire: Entrando em contato com a Chama da Ascensão.

"Eu Sou o Elohim Claire.
Trabalho a serviço da Chama da Ascensão.
Quero convidá-los a, nesse momento, junto comigo, visualizar a Chama da Ascensão. Nós, os Elohins, estamos neste momento aqui presentes, fortalecendo uma grande coluna de Luz no centro desta sala.
Visualizem. Imaginem. Usem os olhos da mente.
Procurem todos, sentir a presença desta grande coluna de Luz.
Criem esta forma-pensamento. Movimentem esta coluna de Luz como uma espiral que sobe e desce. Usem o seu poder mental para fazer com que haja, no plano físico, a ativação dos átomos, para que esta coluna de Luz se torne visível.
Quando várias pessoas se unem num único pensamento, que é o grande propósito deste trabalho – unir os corações, alinhar as mentes, acreditar que os problemas serão deixados para trás, dissolvidos no nada da sua natureza, transformados em cascas ocas e vazias – elas podem alcançar estágios de alegria nunca antes sonhados.
Portanto, visualizem a Chama da Ascensão e coloquem-se debaixo dela. Nós estaremos tirando de seu campo vibracional a energia de dor e de limitação, à medida que vocês nos derem para isso a permissão.

Procurem entrar profundamente em contato com a Chama da Ascensão.

Visualizem. Imaginem. Criem o sentimento de que a Luz Branca, a qual eu represento, está sobre a cabeça de vocês e embaixo de vocês. E ali soltem os problemas, soltem as amarras, soltem as dores, soltem as doenças, soltem a solidão."

Sugiro ao amigo leitor que se coloque sempre na condição de aceitar e aprender, pois isto facilita o nosso desenvolvimento. Faz parte do nosso crescimento a humildade, pois se não nos colocarmos como alunos, quem poderá ser nosso professor?

Devemos desejar crescer e esclarecer cada vez mais a nossa mente analítica, pois, mesmo quando precisamos sentir algum novo conceito, não podemos deixar de lado nosso espírito inquisidor. Perguntar, questionar, aprender faz parte do nosso ser. Faz parte da nossa evolução. Sendo assim, libertarmos do carma é deixar fluir.

Mensagem do Arcanjo Gabriel: Asas brancas da liberdade.

"Quando o Homem vir um abismo, o primeiro movimento interno será o da avaliação da sua vida.

A Chama Branca, a Chama da Ascensão, convida vocês para o despertar da sua consciência, antes que o abismo se mostre em suas vidas.

Existem muitas situações limites, na vida de um ser humano: o final de um relacionamento, o começo de um novo trabalho, a perda de alguém. Mas o pior de todos os abismos acontece quando o homem se ausenta dele mesmo. O pior dos abismos é quando o homem deixa de acreditar nas suas capacidades. O pior dos abismos é quando o homem coloca a sua felicidade na mão de outro.

Observem, meus irmãos, as mãos do outro são tão incertas, são tão confusas quanto as suas próprias mãos. Observem que, colocar a sua alegria, a sua felicidade, a sua realização nas mãos de uma outra pessoa, vocês estarão correndo o mesmo risco do que se colocasse nas suas próprias mãos. E ainda lembrem-se que, quando colocam as oportunidades de crescimento, de realização e de alegria nas suas mãos, vocês conhecem a sua própria força, e não carregarão nada que não estiver dentro da sua capacidade.

Vocês conhecem os seus próprios limites. E, por conhecerem seus próprios limites, sabem também como ultrapassá-los.

Aos Anjos é dada não apenas a capacidade de voar, porque voar sabem os pássaros, voar sabem os insetos. Aos Anjos é dada a capacidade de aliviar o peso, aliviar a carga. E só carrega aquele que não tem Fé.

A Chama Branca convida vocês para o despertar da capacidade de purificar seus próprios atos, purificar as suas próprias atitudes, e assenhorar-se do seu próprio destino.

Percebam, meus filhos, o enorme poder da Chama Branca.

Às quartas-feiras, se possível, vistam-se de branco. Não apenas o branco do corpo físico, mas o branco da alma. Procurem limpar-se. Aproveitem esse dia para purificar seus próprios pensamentos e aliviar as suas cargas.

Vejam, na Chama Branca e nos seus fiéis servidores, amigos e irmãos.

Existe uma infinidade de seres que estão à disposição do homem, à disposição para ajudar, à disposição para amparar, à disposição para acolher, mas, antes de tudo acolham a si mesmos! E não vejam, à sua frente, o abismo, pois abismo maior não há do que o coração sofredor.

Despertem das suas mágoas, das suas doenças, e vivam a capacidade de limpeza e de purificação que existe em vocês.

Aliviem as cargas. Entreguem aos Anjos da Chama Branca.

Eu sou aquele que chama, aquele que avisa.

Eu sou o Arcanjo Gabriel, o arcanjo da Chama Branca, e sirvo ao adorado Mestre Seraphis Bey.

Recebam a minha Luz."

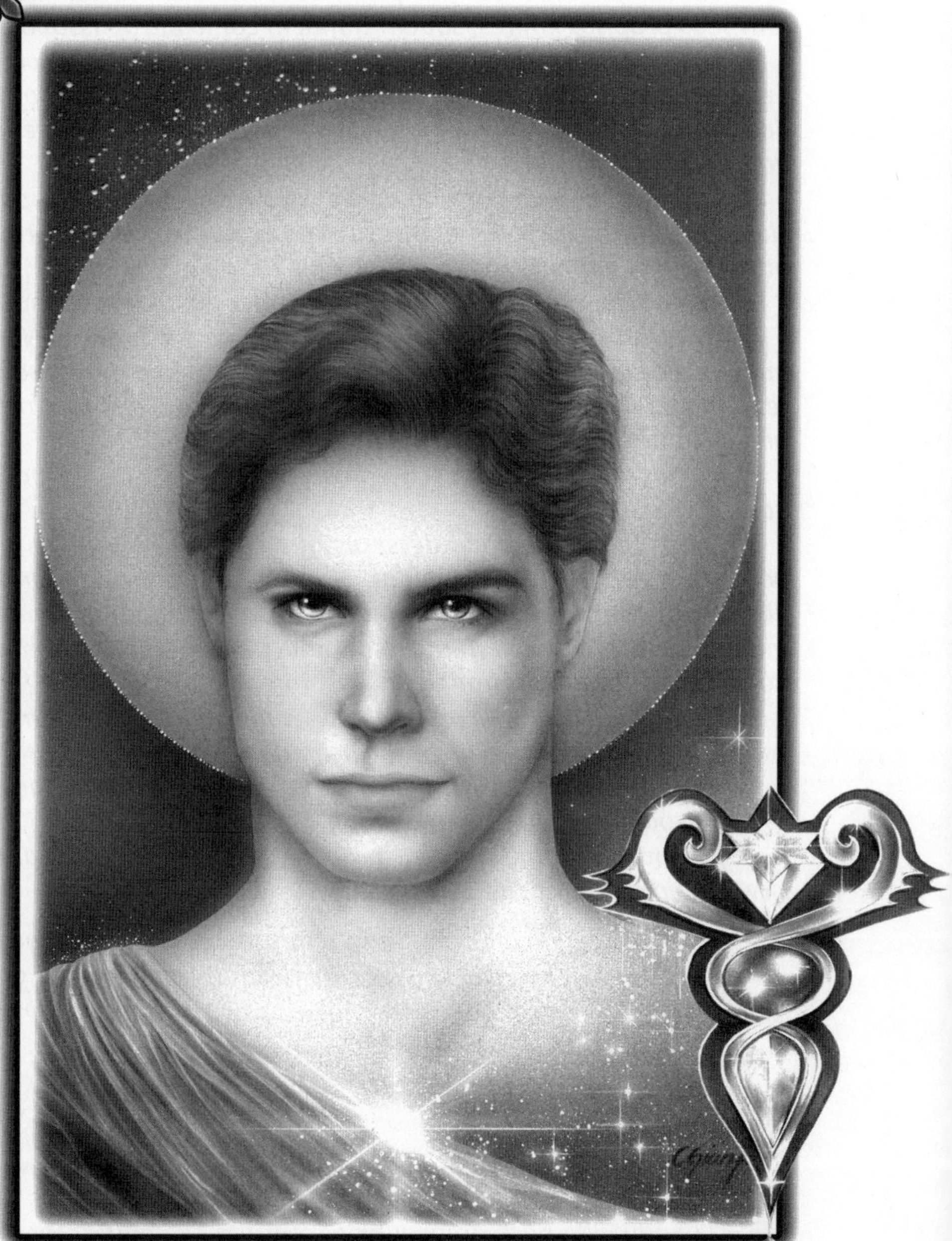

CAPÍTULO 13

A Vida de Mestre Hilarion

Mensagem recebida em 28 de junho de 2000.

"Eu vivi em meio a Homens que sabiam.
Eu vivi cercado por intelectos poderosos.
Eu vivi em meio aos didáticos, aos professores, aos filósofos e aos eruditos. E cada palavra minha não era proferida como um ato de Fé, como um ato de Amor, como um ato de ajuda ou como um ato de consciência. Eu falava para que minhas palavras fossem bonitas; para que os sons fossem bem colocados.
Eu era um filósofo...
E tanto me envolvi no saber, no aprender, na eloquência, na disciplina, que me esqueci de mim mesmo. Eu estava tão voltado ao mundo externo e àquilo que as pessoas iam pensar de mim, que eu esqueci de pensar em mim mesmo.
Era um diplomata. Nasci numa família na qual as pessoas tinham todas as condições de ser felizes e não eram.
Nasci no meio daqueles que tinham para o corpo, daqueles que tinham para a mente, mas que não tinham para a alma.
Fui educado para amar o belo, sem nunca, jamais, ter enxergado a beleza espiritual.

Eu fui um legislador das palavras. Um Homem sábio das atitudes. Um Homem que dizia sempre, a si mesmo, que praticava a verdade.

E, numa noite, eu dormia a sono profundo, quando apareceu, no meu quarto, um homem velho... Muito velho. E eu despertei com aquela presença horrorosa no meu próprio quarto, e comecei a insultá-lo, dizendo:

'— Como você entrou? Como você veio aqui? Não percebe que você está no quarto de um nobre? Como ousa?'

E, no momento em que ia chamar os criados, no momento em que ia, enfurecidamente, gritar e acordar todos os empregados, aquele homem me olhou profundamente, nos olhos. E, mesmo que esquecido eu estivesse, vi nele, nos olhos dele, o meu próprio olhar.

Ele se mantinha no mais absoluto silêncio. Nenhuma palavra, nenhum som. Apenas aquela imobilidade de uma presença, no meu quarto, que eu não conseguia expulsar. E, quando levantei o meu braço, ele, mais uma vez, olhou para mim, e disse:

Não me reconhece? Eu sou você. Você será assim, daqui 20 anos.

E eu olhei para aquele corpo dejeto, aquelas rugas, e não vi a minha altivez, não vi a beleza da minha pele, não vi os meus cabelos.

E nas palavras dele, não reconheci as minhas.

E, depois que o pranto tomou conta de mim, ele desapareceu.

Mil vezes, eu preferia que isso não tivesse acontecido, porque eu caí num profundo desespero.

Será que ele era eu?

Passei noites, e dias, e meses, sem conseguir mais conciliar o sono, comer ou discursar.

Quem era eu? Quem era aquele homem? Quem era aquela pessoa que no meu quarto apareceu?

Eu nunca havia pensado na velhice... Até então eu só tinha vivido para realizar as minhas próprias glórias... E que glórias, e que tempo efêmero...

E, assim, eu adoeci. Uma doença que, hoje eu sei, se chamava tristeza. mas estava vindo para me curar.

E quando eu estava nos meus delírios, afastei-me de tudo: do meu trabalho, de todas as regalias, de todos os gozos e de todas as angústias. Só havia uma angústia: compreender o porquê daquele homem no meu quarto, me dizendo que era eu mesmo.

E, mais uma vez, ele apareceu para mim... e disse:

'— Não lhe devo explicações, porque eu sou essa pessoa importante, esse homem forte, que você criou.'

E, assim como veio, se foi, e eu fiquei ainda mais desesperado.

'Não é possível que eu seja isto!'

Então, saí de casa, porque precisava arejar a minha consciência e, sem levar nada, apenas as vestes que cobriam o meu corpo, saí andando. Não tinha nenhuma intenção de me desligar da vida. Eu queria viver. E cheguei à beira de um rio, no meio de uma floresta, e me banhei.

Havia um profundo desespero em mim. Havia uma profunda falta de esperança em mim. Porque, se eu não tinha um mundo em que acreditar, o que eu tinha?

E foi aí que começou a minha viagem de volta para mim mesmo.

Nas águas daquele rio em que eu me banhei, comecei a observar a minha humanidade. Comecei a ver que eu era igual, igual a qualquer outro Homem. E chorei como um menino. Um menino que não tinha aprendido a chorar.

E, enquanto assim eu estava, envolto na minha tristeza, na minha decepção comigo mesmo, mais uma vez aquele velho apareceu. E, desta vez, ele não estava nem tão velho, nem tão soberano, nem tão ditador, nem tão encolhido, em seu mundo.

E ele me disse:

'— Eu sou você. Eu sou aquilo que você pode tornar-se!'

E eu pensei muito naquelas palavras: 'Eu sou aquilo que você pode tornar-se! Eu sou o seu amanhã'.

E mais uma vez o meu intelecto se fixou naquelas belas palavras.

Durante alguns dias ainda permaneci, no verde daquelas florestas, porque sentia que aquele verde me curava, me limpava, me fazia ganhar suavidade e amor por mim mesmo.

Comecei então a pensar, muito fortemente: o que era verdade para mim? E percebi que a verdade não eram os louvores, não era aquilo que o mundo dizia para mim, mas aquilo que eu dizia para o mundo! Não porque eu fosse mais importante que alguém, mas porque compreendi que eu criava o mundo à minha volta.

E, se eu criava um velho decrepto nojento, eu também criava, com as minhas palavras, o meu futuro. E, se eu queria mudar o meu futuro, eu tinha de mudar, agora!

E, assim, voltei para a cidade e me tornei um homem da verdade.

Eu sou Hilarion. E, durante muitas, muitas encarnações, eu voltei, sempre praticando a verdade.

E, hoje, eu lhes digo, meus filhos: a verdade cura. A Chama Verde cura, porque fortalece, em vocês, a verdade.

Não profiram palavras que não façam atos.

Não falem, jamais, coisas que não são a mais profunda e absoluta verdade, dentro de vocês.

Não poupem, os outros, da verdade, lhes falando mentiras.

Vocês criam o mundo, o Universo à sua volta. Portanto, curem-se com a verdade.

Descubram a potência verde de suas vidas. E sejam Mestres; e sejam luz; e sejam flores; e sejam Universos de verdades. Porque tudo está em seu coração, em suas palavras e em suas ações.

Portanto, não ousem mentir, e não sejam diplomatas nas palavras que não ferem, nem nas intenções, que ofendem e machucam.

Cuidem de ser verdadeiros nas suas intenções.

Cuidem de permitir que o mundo de cada um de vocês seja melhor, para que a sua estrela brilhe, para que a sua flor não apenas enfeite, mas perfume.
Seja verdadeiro...
Deixo, a todos os presentes, a bênção da Chama Verde.
A verdade cura, porque a verdade é Deus."

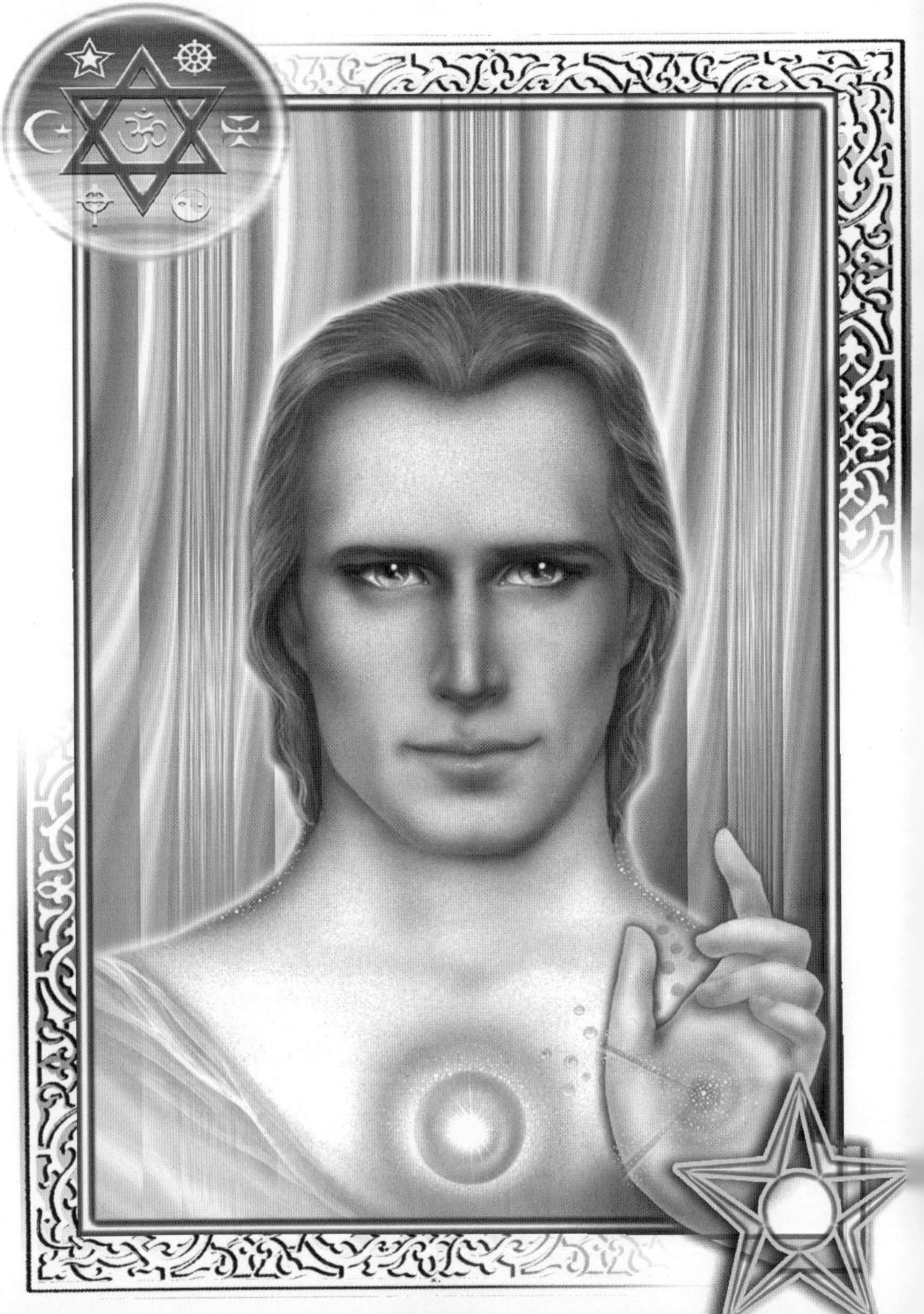

A Chama Verde – Quinto Raio

A Cura Pela Verdade

Mestre: Hilarion (Paulo de Tarso)
Características: Verdade, inteligência, cura
Elohim: Vista (Ciclope) com o Olho Divino, que tudo vê: concentração; crystal: Limpeza e Purificação para receber a verdade
Arcanjo: Rafael
Características: Trabalha com a cura, dedicação, aprender
Local: Templo na ilha de Creta/Grécia, cercado por imenso jardim
Energia desta Chama: Guardião do templo é Palas Atena – Limpeza e despojamento para receber a Verdade

A Chama Verde é a manifestação do Quinto Raio, que está associado à quinta-feira, e é conhecido como o Raio da cura.

Quando conheci a Fraternidade Branca, me perguntava por que a cura estava associada à verdade.

Falar a verdade cura, dizem os Mestres. Assim comecei a pensar nas infinitas mentiras que a maioria das pessoas fala todos os dias, sem ter consciência. Mentiras que as pessoas proferem sem admitir que estão mentindo.

Quantas vezes ocultamos a verdade ou simplesmente distorcemos fatos corriqueiros do dia a dia; e isto é só um pequeno exemplo, no mar de palavras inconsequentes, proferidas muitas vezes por pessoas que costumam agir corretamente. No entanto, é preciso ter consciência de que a mente divina não entende as mentiras, e desta maneira vamos estampando à nossa volta essas falsas informações, que acabam por nos aprisionar nas suas baixas vibrações.

Devemos saber que, quando proferimos uma palavra, se acaso nela não acreditamos fielmente, estamos mentindo. E também é importante lembrar que pior mentira não há do que aquelas feitas para nos enganar.

Quantos os relacionamentos são baseados em mentiras e em desafetos. Quantas vezes deixamos de lado as nossas reais intenções para usarmos palavras suaves, no intuito de não ferir o outro.

Precisamos aprender com a Chama Verde a prática da verdade. Precisamos aprender com a Chama Verde a assumirmos responsabilidades por nossos pensamentos, palavras e atos.

Seguindo orientação dos Mestres, devemos preferir a seguinte postura: se acaso não tenho nada de bom a falar para alguém, não falo nada. Descobri que é infinitamente melhor ficar calada do que levantar um falso testemunho. Sei também que sempre um testemunho será falso se não acreditamos no que estamos dizendo.

A Chama Verde nos ensina que as implicações energéticas são imensas, porque tudo o que falamos fica pairando à nossa volta, e dá o maior trabalho limpar aquilo que não temos consciência de que está sujo.

O plano espiritual chama essas formas-pensamentos que estamos enviando para o astral de miasmas. São uma espécie de roupagem que nos acompanha onde quer que formos. Se acaso ficamos falando mal dos outros, ou pensando em coisas negativas, vamos nos cercando de manchas, que acabam por obscurecer nossa essência luminosa.

Mesmo as pessoas mais densas sentem as vibrações que enviamos, pois os pensamentos são também vibrações e, mesmo que não sejam compreendidos, ficam pairando no ar. Desta forma devemos compreender que não enganamos ninguém. Quando, por exemplo, você fala que está feliz, e não está, esta falsa afirmação fica colada no seu corpo sutil como uma nuvem, impedindo que você tome coragem para admitir seus reais sentimentos e pensamentos. Dessa forma construímos à nossa volta inúmeras couraças energéticas, que por fim temos medo de enfrentar...

Trabalhar com a Chama Verde nos auxilia a encontrar a coragem para assumir nossos pensamentos e, assumindo nosso complexo processo mental, estaremos aptos a conquistar a cura.

Devemos fazer um parêntese para analisar um fato interessante: nos últimos anos muito se tem falado a respeito do pensamento positivo e das fabulosas conquistas da neurolinguística, que na verdade são caminhos usados para o domínio de nossa mente e a prática da verdade.

Deus é verdade e algo muito positivo na vida das pessoas. Seja qual for o nome dado à sua força, quando este poder se manifesta na vida de alguém, jardins serão criados em solos antes considerados pobres e sem vida. A lei do pensamento positivo é a lei de Deus e da manifestação da sua força. Porém, muitas pessoas se desencantam quando se envolvem neste tipo de aprendizado e não conquistam as experiências desejadas. A Fraternidade Branca nos ensina que é preciso um pouco mais, que boa vontade e palavras proferidas com determinação. Como diz Sai Baba: "O esforço é humano e a graça é divina."

Ainda devemos lembrar que nas nossas mãos está um grande trunfo, que é o contentamento. Contentar-se é tentar ver o lado bom de todas as experiências. Muitas vezes traçamos metas para nossas vidas que não nos levarão a lugar algum, por mais que nos esforcemos. O que devemos fazer é procurar estar em consonância com a vibração da presença "Eu Sou", e assim ter orientação interna. Ao contrário de todos os processos de aprendizagem que acontecem de fora para dentro, respeitar a intuição superior lhe trará o equilíbrio necessário para assumir as suas verdades e libertar-se das falsas aparências.

Seguindo este raciocínio, entendi o imenso poder reservado na Chama Verde. O poder que exige imensa coragem, para encarar de frente nossas limitações. No meu trabalho como terapeuta, conheci muitas pessoas maravilhosas, que desejavam verdadeiramente um contato espiritual, desejavam encontrar Deus em suas vidas, mas não tinham coragem de aceitar suas falhas e limitações. Com isso, não chegaram a lugar algum, ficaram pulando de religião em religião, de oração em oração, e, algumas delas, de terapia em terapia, sem nada encontrar. Ouvindo muito, sem nada absorver.

Aprendi que, quando o saber não é empregado, normalmente as pessoas entram em profundos desencantos, e quanto mais se procura, mais se anda em círculos, justamente para entender que Deus, e as suas imensas possibilidades, está dentro de cada um de nós. Por isso, a Chama Verde é a Chama do autoconhecimento e da autocura.

Mensagem enviada por Mestre Hilarion: A cura pela verdade.

"A energia da cura está ligada à grande capacidade do homem em "falar a verdade".

Eu Sou Hilarion.

Venho lhes falar a respeito do grande poder libertador da Verdade: a verdade cura porque a verdade é.

A verdade cura porque ela não precisa se "mascarar", se "infiltrar" ou "parecer ser". Porque a verdade é.

A verdade cura porque ela é o estado natural do homem.

O homem é verdadeiro quando ama, quando olha nos olhos e quando também diz "não". Aprendam a ser absolutamente corretos com vocês mesmos, e jamais mintam.

Não entendam a "diplomacia" como algo que possa manipular, como se costuma fazer com os sentimentos, pensamentos e emoções.

O outro sabe quando você está mentindo. O outro sabe quando você não está falando a mais absoluta verdade.

Eu fui um diplomata, um homem das leis e jamais menti. Meu aprendizado foi sobre a verdade da vida superior. Mas jamais transformei as minhas palavras para que fossem aceitas. Jamais permiti que a corrupção me colocasse em situações difíceis. Jamais permiti que minha natureza fosse contaminada por sentimentos e pensamentos inferiores. Portanto, posso ensinar vocês, meus filhos, falem a verdade. Não a sua verdade, nem a verdade do outro, mas a verdade do coração.

A única Verdade é aquela que não fere, que não destrói, é aquela que apenas é. O grande astro rei, que rege a amada Terra, com certeza nunca pediu licença para espalhar os seus raios. As nuvens com certeza nunca pediram licença para fazer chover as suas bênçãos. Os animais nunca pediram licença para escolher a sua presa e para matar. E os homens não deveriam escolher as palavras para fazer um grande mal a si, e à humanidade, que é mentir.

Ousem falar a verdade. Ousem ser verdadeiros, e eu digo mais uma vez: – A verdade a todos irá curar.

Quero que a Chama Verde seja instalada, e que a verdade e a cura possam fazer parte do ritmo de sua vida.

Eu sou Hilarion."

Mensagem enviada pelo Elohim Ciclope: As doenças da alma.
"As doenças que afetam o corpo do homem, antes já afetaram a sua alma. Todas as vezes que vocês virem uma pessoa doente, saibam que esta pessoa diante de vocês está doente na sua alma. Contaminada pelo orgulho, contaminada pelo egoísmo, contaminada pela inveja, contaminada pelas indecisões, contaminada pela falsa crença, naquilo que ela não é.

As doenças podem ser tratadas e curadas no mundo espiritual antes de sua manifestação no plano físico, corpo. E para isso vocês devem observar os seus traços de caráter: observem aquilo que está impresso em vocês. Se por acaso algum de vocês nasceu nesta encarnação com um corpo doente, observem a mensagem que este corpo está lhe trazendo. Não é apenas um carma, ou seja, algo imposto pela Vontade Divina, como vocês acreditam, mas sim algo que foi criado por vocês, para ser resgatado.

Se suas dificuldades estão em enxergar, pensem naquilo que vocês se recusam a ver em suas vidas.

Se suas dificuldades estão em caminhar, pensem nos caminhos que não estão se permitindo trilhar.

Observem a natureza de cada uma das doenças. Observem, como um médico do espírito. E observem também aquilo que vocês se recusam a fazer... E, só para contrariar, só para mostrar a liberdade do espírito, ousem curar-se. Ousem modificar as suas atitudes.

Ousem ser quem vocês são: puros, livres e limpos.
Eu sou o Elohim Ciclope, do Quinto Raio."

Muitas vezes me deparei com pessoas doentes que se sentiam profundamente impotentes frente à fatalidade da doença em suas vidas. Muitas delas se recusavam mesmo a compreender o sentido mais profundo desta experiência, e posso afirmar que é muito triste o que sentimos nestas situações, inclusive porque é difícil oferecer algo mais que a nossa compaixão.

A mente cartesiana não aceita o sofrimento, assim todos lutamos para escapar ilesos das experiências, tentando inutilmente fugir das garras da dor, da morte e do sofrimento. Porém, não poderemos evitá-las para sempre, já que essas etapas são naturais em nossa vida na Terra. Acho que, quando muito, podemos aprender como agir melhor frente essas situações.

Com a ajuda terapêutica, muitas pessoas chegam a compreender que de alguma forma causaram a sua doença, e tenho visto que isto não ajuda muito. Na verdade, por vezes até atrapalha, pois essas pessoas sentem-se tão culpadas, que acabam criando ainda mais complicações.

Muitas vezes me perguntei: por que saber a verdade?

E como a dor pode curar? Quando perdi uma pessoa muito querida, percebi que todas as pessoas envolvidas com este desencarne doloroso foram trabalhadas em diversos aspectos no que se refere às suas crenças sobre a vida, sobre a morte e mesmo sobre Deus. Ainda neste caso, os mentores falavam abertamente de cura, mas o que significaria a cura então, já que a pessoa estava morrendo? O que significa curar-se?

Analisando minha própria compreensão sobre a morte, fui obrigada a entender que a cura pela qual todos estamos passando é a do nosso espírito. Como estamos encarnados e essa é a realidade que percebemos, queremos o alívio para nossas dores e a cura para o corpo físico, sem compreender o mundo espiritual que nos cerca.

Devemos analisar que o processo que envolve qualquer doença faz com que repensemos nossas apostas frente à vida, e abre novos horizontes.

Hoje percebo que a cura da Chama Verde é a espiritual. Esse despertar que nos faz compreender que o espírito continua imutável, sejam quais forem nossos desacertos.

Quanto ao que se refere ao corpo físico e nossa estreita ligação com a matéria, devemos mesmo é aproveitar a oportunidade de modificar ideias deturpadas que ainda temos sobre a vida e o sofrimento, antes que isso tome a forma de uma doença, ou de uma maneira de pensar viciada e sofrida.

Devemos compreender que para obter uma cura efetiva, é preciso que estejamos prontos para mudar a nossa frequência vibratória, portanto, ajustar nossos pensamentos ao novo, ao espiritual.

Mensagem enviada pelo Arcanjo Rafael: A origem das doenças.

"Se havia feridas, havia quereres. Se havia máculas, havia, também, palavras de desencanto e desamor. Se tumores foram criados em corpos, antes são, aconteceram porque ali houve as máculas da dor e do egoísmo. Se há o ferimento, meus filhos, há, também, a capacidade de curar e de restaurar a saúde. No entanto, a humanidade, ainda não descobriu a cura do câncer; ainda não debelou uma série de doenças como a aids e como outras que têm se manifestado.

Nós explicamos: essas doenças, antes de se manifestarem no universo do plano físico, onde habitam os homens, já se manifestaram no mundo dos sentimentos, como um profundo veneno chamado egoísmo, como um profundo veneno chamado orgulho.

Este homem, que se mostra vítima de uma doença, foi vítima antes de um desencanto de sua alma, de um desencanto do seu sentimento, de um desencanto de seu pensamento. Antes que essa doença viesse manifestar toda a sua podridão no corpo físico, veio e se manifestou na sua mente e no seu sentimento.

Eu venho lhes dizer: curem os seus sentimentos. Não sejam egoístas. Deixem que as energias fluam. Aprendam com a natureza. Não segurem as pessoas. Não impeçam as pessoas de viverem as suas vidas, as suas verdades, os seus atropelos e as suas dores.

A Chama Verde, para a qual eu trabalho como arcanjo, vem lhes dizer do sentimento de verdade. Sejam profundos e verdadeiros com vocês mesmos, com os seus anseios, com os seus ímpetos, com seus sentimentos. Não se obriguem a nada. Vocês não devem se culpar; vocês não devem estar se julgando, se maltratando e, muito menos, maculando a sua natureza espiritual.

Sejam livres. Falem absolutamente a verdade... Ou calem-se. Não apenas a sua voz, mas, principalmente, o seu pensamento.

Se há um outro veneno, capaz de prejudicar, criar tumores e tumores na alma, esse veneno se chama julgamento.

Não julgue. O julgamento afasta; o julgamento entristece; o julgamento empobrece o homem.

As pessoas erram, mas não cabe a vocês apontar as falhas e justificar a sua própria ignorância pelos atos dos outros. Esqueçam de julgar, esqueçam de olhar o errado; esqueçam de apontar no que o outro pecou.

Sejam autênticos, mas sejam bons".

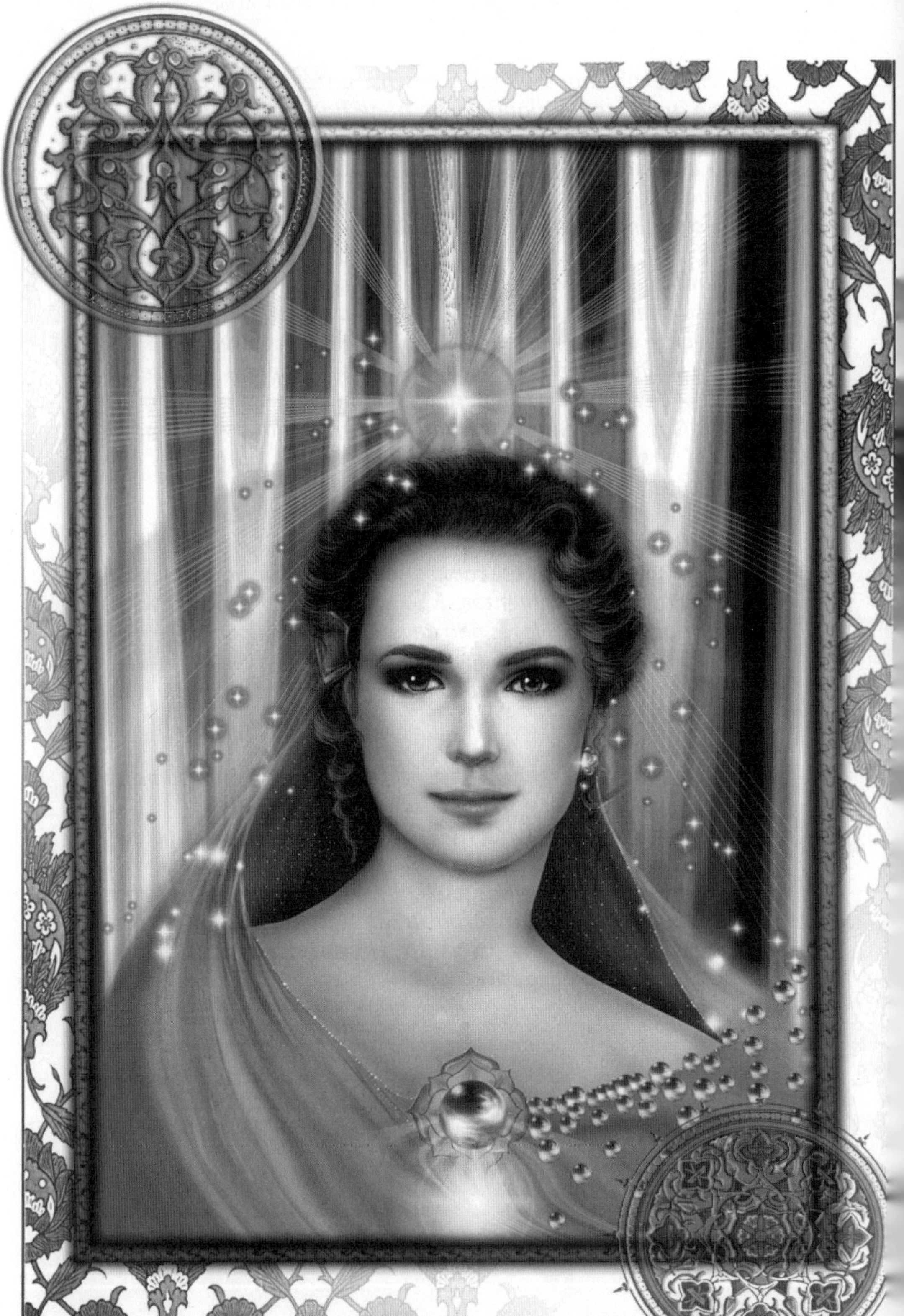

CAPÍTULO 14

A Vida de Mestra Nada

Mensagem recebida em 17 de novembro de 1999.

"Eu nasci filha de camponeses.
Pais humildes, mãos calejadas do trabalho, que não tiveram tempo de me acariciar. Colos que eu aprendi a não reclamar.
E, ainda que tivesse nascido num país frio, onde não havia tardes de sol nem as manhãs acobreadas e quentes, eu tinha muita fé. Eu nasci com um amor tão grande dentro de mim, que nunca fui capaz de sentir tristeza.
Havia tanto fogo na minha alma que, por maiores que fossem as desarmonias externas, e existiam tantas, eu era intocada e ainda assim não tinha a menor consciência de que era diferente das outras pessoas.
Hoje, eu sei que o amor me fazia igual, me aproximava e me fazia expandir.
Eu tinha muitos irmãos. Éramos nove. E nem sempre na minha casa, na mesa onde comíamos, havia o suficiente para todos.
E assim eu fui aprendendo a precisar de pouco, pouco alimento, poucos desejos, poucos colos. Porque havia em mim uma capacidade de mesmo recebendo pouco, sentir muito.
Então, saciava a minha fome quando via o meu irmão se alimentar. Saciava a minha ânsia de receber carinho, amor

quando eu amava. Saciava a minha vontade de calor quando eu sentia o meu coração tão quente, fervendo e pulsando, dentro de mim. Saciava a minha necessidade de compreensão quando olhava nos olhos do meu pai e compreendia o sentido das palavras que saíam dele, esquecendo os impropérios de sua boca.
Eu aprendi a sentir...
Eu aprendi a ser tocada por aquilo que as pessoas não falam, mas pelas emanações das suas almas.
E quando, dentro desse triste quadro aos olhos humanos, veio a guerra, muitas das casas foram destruídas. Houve incêndios, crianças perdidas, mulheres sem condições de criar seus filhos. E nessa época, então, eu era adolescente e tentava compreender a vida.
Não havia os medicamentos, mas havia feridos em abundância. Então, eu orei ao Pai e, numa visão, percebi que o solo coberto de neve, gotejado de sangue humano, se transformava num tapete onde a grama nascia forte. E onde havia frio, nesta minha visão, havia sol, havia Luz, havia calor. E onde havia rostos sofridos, na minha visão havia Paz.
E esse sentimento percorreu a minha Alma, chegou ao meu corpo e me deu uma força sobre-humana, de compreensão, de amor, de aceitação. E isso foi tão grande em mim que eu queria repartir com as pessoas. Eu queria falar para elas: não vejam o sofrimento, não se comuniquem com a dor, não se comuniquem com a fome, não se comuniquem com a privação. Isso não existe! Existe um Mundo de Luz.
E eu queria dizer às pessoas aquilo que estava sendo mostrado para mim, porque aquilo era uma bênção.
E como pouco eu podia fazer, como remédios não existiam, lambi as minhas mãos e, com a saliva, toquei os ferimentos. E as pessoas se curavam, me chamavam de Santa, e eu dizia: '– Não, eu não sou nada. Eu não sou nada'.
Quando as feridas paravam de sangrar, as pernas ganhavam novamente desenvoltura, e os aleijados caminhavam; quando eu tocava o estômago daqueles que doentes estavam, e eles sentiam um calor como se um pão que tivessem comido de novo, me chamavam de santa e eu dizia:
'– Não, eu não sou nada. Eu só encontrei a minha comunicação com Deus. É você que se cura. Deus está curando, através das minhas mãos. É o Pai que faz, não sou eu'.

Você é filho de Deus!
E quero tocar a cada um de vocês com esse mesmo amor. E não digam que eu sou santa ou que santa são as minhas palavras, porque santo é Deus, em sua absoluta sabedoria quando lhes dá o frio, quando lhes dá a dor, quando lhes dá o sofrimento, apenas como Instrumento do seu próprio crescimento'.
E eu digo a vocês, meus filhos:
Amem o altíssimo e agradeçam as confusões em suas vidas.
Porque, se confusões, dores e sofrimentos existem, existem para despertar.
Porque, se desilusões existem, é porque vocês estiveram um dia iludidos.
Eu sou Nada, a Mestra Ascensionada do Sexto Raio. Trabalho para a Chama Rubi, do meu adorado Mestre Jesus. E sirvo, com a totalidade do amor, que sou capaz de dar, a essa Chama, que ensina a fazer sacro o ofício.
Não entendam nada na vida de vocês como sacrifício, se não podem fazer dessas situações, desses exercícios de fé, uma ação sagrada.
Sacrifício é fazer das trevas a luz!
Do medo, a fé!
Dos desafetos, o amor!
Ajam, em nome da Chama Rubi, com consciência.
E, agora, que sabem um pouco mais de mim, se me quiserem, me acolham, como mãe. Porque eu digo:
Eu os amo como filhos..."

A Chama Rubi – Sexto Raio

O Divino em Nós

Mestre: Jesus, Nada
Características: Paz, amor, devoção
Elohim: Tranquilitas/Pacifica
Arcanjo: Uriel/Donna Graça
Características: Ensinam viver em paz e equilíbrio
Local: Templo numa enorme montanha de rubi, onde a Chama Rubi reluz através de uma grande pérola rosada cercada de dourado
Energia desta Chama: Paz e a misericórdia

O sexto raio está associado à sexta-feira, trabalha o amor, agora com enfoque maior à devoção e ao altruísmo. Justamente por isso a Chama Rubi dourado, costuma causar algumas dúvidas às pessoas que estão no caminho espiritual. Seria a Chama Rubi uma oitava acima do terceiro raio, uma forma melhor ou mais completa de amar? Os Mestres ensinam que o amor não se mede, mas se manifesta na vida das pessoas.

Estamos encarnados para desenvolver em nós as capacidades divinas que nos são inerentes, porém muitos entre nós só conhecem o amor se vinculado ao romance ou aos laços da carne. Por isso a Chama Rubi Dourada muitas vezes teve suas maiores manifestações por meio de sacerdotes e religiosos que não tiveram a experiência da vida material.

A Chama Rubi Dourada vem ativar em nós a capacidade de sermos irmãos e assim desenvolvermos a compaixão, que é a maneira mais sutil de amar o próximo. Mestre Jesus tem sua personalidade alinhada com esta Chama justamente por isso. Ele não foi o mestre do amor? Não veio para nos ensinar o amor? Portanto, não há o que estranhar.

A Chama Rubi Dourada trabalha em nós a igualdade, o que quer dizer ver no próximo a nossa própria imagem. Ainda que não sejamos iguais nos nossos desejos e intenções, temos muitas coisas em comum, pois todos desejamos a felicidade, o amor e a aceitação. Devemos lembrar também que, muitas vezes, traços corrompidos de caráter nascem justamente da falta do amor.

Mestra Nada, que é a atual Cohan do Sexto Raio, é a presença materna que todos nós poderíamos desejar ter como mãe. É aquela que entende sem nos julgar, nos ampara sem pedir nada em troca, nos ensinando que o grande prazer do amor é amar.

Estamos, infelizmente, devido às nossas baixas frequências vibratórias, o tempo todo esperando que as pessoas nos deem amor, e somente nos aventuramos a amar quando sentimos que somos retribuídos em nossos sentimentos, caso contrário, nos atrelamos a joguinhos de verdades e mentiras, na tentativa de seduzir o outro, mas sem uma entrega real. Acabamos dizendo que somos o que não somos, e desta forma perdemos ainda mais o contato com a nossa natureza, que é puro e simples amor.

Mestra Nada vem nos reconectar com nossa natureza crística e, com a sua energia de mãe, nos pega no colo e nos conduz para seu seio materno, suprindo-nos com seu amor.

Mensagem enviada por Mestra Nada: O poder do amor.

"Se mãos eu tenho, é para amparar.
Se um colo eu tenho, é para oferecer amor.
Se ombros eu tenho, é para lhe acolher.
Eu sou Nada.
Trago o meu coração nas mãos para lhes ensinar a amar, e lhes digo, meus filhos, não há nenhuma sabedoria em acusar as pessoas ou em preocupar-se com os problemas.
Procurem compreender a necessidade da entrega. Muitas palavras bonitas foram usadas pelos homens como forma de oração, quando, na verdade, a única coisa que importa é aquilo que se ouve e se fala com o coração.
Trabalhem as suas almas, para que possam ser abertos os seus corações. E perdoem... Perdoem os seus pais, por tudo aquilo que eles fizeram. E, também, por aquilo que deixaram de fazer.

Perdoem os seus filhos pelas respostas amargas, pelas situações mal resolvidas e pelos profundos enganos. Porque, se filhos estão, precisam de vocês, para aprender.

Perdoem os seus companheiros. Perdoem aqueles, que partilham com vocês o leito de dormir. Porque, se um dia houve uma força magnética que uniu essas duas almas, houve também uma empatia e, com certeza, há assuntos para serem resolvidos.

Perdoem os amigos, que ofenderam vocês, que prejudicaram vocês, que invejaram vocês. Porque perdoando, há um profundo entendimento, há uma profunda consciência de libertação, que toma conta de suas almas e que lhes abre o caminho para o mundo de abundância, de luz, de amor e de prosperidade.

Trabalhem, em suas vidas, pelo perdão.

E não procurem a caridade ao próximo, imaginando que vocês encontrarão esse próximo numa favela, dormindo debaixo de uma ponte ou se escondendo numa noite fria.

Façam a caridade em suas casas. Façam o perdão. Ofereçam suas mãos, para trabalhar, no seu próprio lar.

Procurem entender que, assim como a planta precisa, primeiramente, criar o seu tronco, para depois espargir os seus galhos, assim também é o amor.

Não se criam galhos para fazer troncos.

Não se criam folhas para fazer galhos.

E não se colhem frutos sem os ter plantado.

Pensem em suas vidas e primeiro ajam na sintonia da sua casa, do seu lar e daqueles que estão fisicamente próximos, pois, eles assim estão por um único motivo: o desejo de vocês se reencontrarem. E aprendam a conviver...

Eu trabalho pela Chama Rubi e lhes falo do amor como o mais sagrado ofício."

Muitas pessoas se assustam com a simples menção da palavra sacrifício, afinal, fomos ensinados a lutar por nossos ideais, sendo assim, sacrificar nossas ações ou mesmo nossas crenças jamais poderia ser uma coisa boa. No entanto, os Mestres têm nos ensinado uma nova visão sobre o sacrifício. Mestra Nada nos fala de como fazer sagrado o nosso ofício, fazer sagrada a nossa vida e a nossa atuação na sociedade.

Não é um aprendizado muito fácil, já que somos acostumados sempre a separar as coisas. Assim, escolhemos como e para quem vamos fazer caridade, escolhemos pessoas com as quais seremos bons, pois afinal parece que a bondade, a expansão do amor não é para qualquer momento nem para qualquer pessoa. A Chama Rubi nos fala de fazer sagrada toda a nossa existência, fala em sermos bons em nossas casas, com nossa família, com nossos pais e com nossos filhos. Parece simples, não é? Mas nem sempre é fácil agir orientados pelo coração. Nem sempre a nossa família carnal é um exemplo de facilidades, o que não é de se estranhar, pois é no círculo familiar que trazemos nossos reencontros cármicos mais sérios. Costumo explicar para meus amigos aquilo que aprendi com os Mestres: que os laços que nos unem aos nossos parentes e amigos são justamente os laços do amor. No caso deste amor não estar plenamente desenvolvido, aparece o oposto dele, que é a dor, a falta de compreensão, a falta de entrega a esta chance de refazer os tortuosos caminhos percorridos em vidas passadas. Sendo assim, nossa família muitas vezes representa nosso maior desafio...

No meu trabalho com Terapia de Vidas Passadas, compreendi que nos círculos familiares se encontram nossos maiores desafios. Almas que têm sérias pendências costumam procurar a harmonia espiritual no amor em família para resolver seus compromissos cármicos. É uma maravilhosa oportunidade de desenvolver o amor.

O amor pode e deve ser cultivado e desenvolvido, não é algo que vem pronto. Se acaso você que está lendo este livro se encontra em desarmonia com alguém próximo em sua vida, tente colocar-se na pele desta pessoa. Talvez se você tivesse passado pela experiência de vida deste outro ser humano também agisse assim. Tente compreender o outro, não pelos seus olhos ou por seu ponto de vista, mas pelo dele.

Pode ser que você não se sinta amado pelo seu pai, mas foi a escolha de desenvolver o amor que atraiu vocês dois. E se você está mais capacitado a amar, ame, e observe seus brotos de luz se despontando da escuridão...

Mensagem enviada pelo Elohin Tranquilitas: Templos de amor.

"Se as casas são construídas por homens, queremos alertá-los, meus filhos, os homens, também, tem a responsabilidade de mantê-las. A responsabilidade de manter o seu templo interno é sua e intransferível.

Você deve se preocupar com aquilo que ingere, com aquilo que ouve, com aquilo que pensa e com aquilo que absorve do mundo.

Muitas pessoas reclamam de doenças e saem de seu natural estado de contentamento porque são bombardeadas pelo mundo, pelas coisas do mundo e pelos medos do mundo.

É um grande desafio viver em contato com outras pessoas. E vocês, desde cedo, se deparam com essa condição. Encarnam, e, nas famílias, nem sempre pais e mães são adequados na educação e nas atitudes que devem ter para com os filhos. E aqui não estamos para culpar os pais e muito menos para penitenciar os filhos. Estamos para lhes lembrar que vocês são humanos. No entanto, há uma responsabilidade que não pode ser negada. E essa responsabilidade é a responsabilidade do amor.

E lembrem-se que já falamos outras vezes: homens, mulheres, pais, filhos e amigos são papéis que essa alma desempenha no teatro da vida. Vocês, antes, devem ser responsáveis e profundamente comprometidos com sua própria transformação e com sua própria vida.

Aprendam a cuidar-se, a respeitar-se e a amar-se.

Essa mensagem foi enviada pela Chama Rubi. E eu represento a mestra Nada, pois o amor ao templo divino, que é o corpo, é o princípio do amor a Deus. A Chama Rubi lhes fala para cultivar esse templo, cultivar essa morada do espírito, cultivar, portanto, a sua capacidade de amar.

Desprendam-se de conceitos antigos e respeitem-se, cada vez mais.

Eu sou o elohim Tranquilitas – Chama Rubi."

Todas as vezes que trabalho com a Chama Rubi, pedindo a sua presença e a sua cura, uma onda de amor invade o ambiente e é este amor que nos pega no colo leva todo o mal embora. Tente fazer isso e acolha-se em si mesmo perdoando-se de todo engano que já passou...

Pense: o passado é perfeito simplesmente porque lá você não pode mais interferir. Aceite, então, quem você é e trabalhe para no futuro, melhorar o que for possível.

Mensagem enviada pelo Arcanjo Uriel: Constância e ritmo na prática do amor.

"A constância e o ritmo fazem com que as ações se precipitem e o homem crie.

Quando nos aproximamos de um grupo e nele sentimos a capacidade de atuação, estamos o tempo inteiro enviando energias. Infelizmente, muitas delas se dissipam na impossibilidade de ser alcançadas, por suas baixas frequências vibratórias.

O mundo dos anjos, o mundo dos sentimentos, é tão volátil quanto mais volátil é o produto químico que vocês chamam álcool.

Muito pouco se sabe, muito pouco é divulgado sobre o poder da Chama Rubi. O rubi dourado, o rubi que brilha, ensina o amor misericordioso, o amor libertador.

Vocês apenas conhecem o poder de transformação da Chama Violeta, mas saibam que todas as chamas são complementares entre si. E, somente aquele que amar a Deus, com constância, com ritmo, com continuidade, será capaz de alcançar a transmutação e a libertação da Cama Violeta.

Quando eu, Uriel, como arcanjo da Chama Rubi, venho aqui lhes falar da necessidade do ritmo e da constância, venho também lhes falar do comprometimento que devem ter com as orações. Não apenas repetindo orações como repetiriam os pássaros que sabem piar e que pouca consciência têm das suas penas e da sua capacidade de voar. Falo de encontros da alma. Usem as ferramentas que tiverem e as técnicas que mais facilitarem as suas vidas, mas tenham constância, tenham ritmo. Não abandonem as orações ao primeiro momento de dificuldade, ao primeiro desafio ou à primeira contrariedade. Saibam que se libertar do carma, como minha adorada mestra falou, entregando o problema difícil ao altíssimo, é um ato de profunda coragem. Mas, também, é um ato de fé. Porque, aquele que tem fé, sabe que irá alcançar.

Trabalhem-se, aquietem-se e libertem-se.

Essa é a minha mensagem. Esta é a minha fé!"

Não basta aceitar as bênçãos divinas que todos os dias recebemos quando continuamos vivos e experimentando os desafios da vida encarnados. É preciso praticar, é preciso empenhar-se na constância dos nossos atos.

Ensino sempre para meus clientes que o mais importante para se mudar uma crença é praticar a nova verdade. Muita gente me procura para fazer uma sessão de Vidas Passadas e a maioria sai com o coração na mão, tamanha é a emoção de conhecer de perto os caminhos da sua alma. No entanto, não são todos que dão continuidade ao trabalho de autoconhecimento. Alguns preferem não saber de seu poder de curar suas vidas para que não se sintam responsáveis por suas misérias. Afinal, é chocante pensar que escolhemos ter esses pais, esses irmãos e esses filhos que tantos problemas nos trazem...

É infinitamente mais fácil pensar num Deus que nos deu provas difíceis. Quando explico que nossa alma aprende com as diferenças e que é preciso muito envolvimento para abrirmos nossos próprios caminhos, alguns sentem-se cansados frente ao novo horizonte que se mostra.

Quando o Arcanjo Uriel nos fala da prática e da constância das nossas orações, compreendo muito bem que não é simples como pode parecer. Estamos libertando nosso Cristo interno de nossa cruz. Estamos, com a prática das orações, exaltando nosso poder, dizendo ao universo que acreditamos na nossa descendência divina.

A Chama Rubi é tudo isso: o amor que liberta e a liberdade que nos faz responsáveis por nossos caminhos. É a libertação pelo amor.

A Vida de Mãe Maria

Mensagem recebida em 16 de dezembro de 1999.

"No caminho, havia pedras... E as poças de água mostravam que a chuva tinha caído em demasia. E enquanto as pessoas dormiam, aqueles que acordados estavam sentiam que uma parte de Deus também adormecera. Pois, como era possível o Seu filho estar sacrificado, machucado, mutilado e morto?

Depois dos dias em que o Mestre foi crucificado, e havia entre os seus discípulos a evasão e entre os homens a mesquinharia do todo dia, havia em meu coração a sensação absoluta de perda. Eu sentia como se partes de mim tivessem sido amputadas e que ainda assim, teimosamente, eu sobrevivesse.

E qual a mãe que não se sentiria da mesma forma, vendo um filho se perder? Um filho sem caminho, sem Luz, sem amanhã.

E eu, como mãe, me envolvi num profundo manto de tristeza.

Eu, como mãe, me escondi num cobertor de sofrimento e amargura.

Sentida eu estava, amargurada eu estava por pensar que aquele que por tantos morreu, era meu. Eu achava que ele era meu. Um homem feito, mas era meu.

Palavras muito mais sábias do que as minhas; amor muito mais potente do que o meu; pés muito maiores do que os meus; mãos grandes e suaves, tão suaves, mais suaves do que as minhas. Mas ainda assim, eu achava que ele era meu.

Tantas pessoas apaixonadas seguindo as palavras dele, beijando os seus pés, e eu achava que Ele era meu.

Meu filho. Meu filho. Filho da minha carne. Eu me lembrava de como foi ser mãe; o que me ensinou a ser mãe. E eu me lembrava das dores; e eu me lembrava das alegrias e das brincadeiras. Eu me sentia mãe. Meu filho!

Eu sentia aquela comoção que qualquer mãe sentiria. Porque eu era mãe! Não havia nenhum outro sentimento em mim, porque eu já havia sido filha... E quanto eu esqueci da minha mãe. E quanto eu me esqueci do seu colo, do seu amor... E quanto eu perdi das suas lágrimas e dos seus conselhos...

Mas agora eu era mãe.

Naquele momento, a minha única identidade era a identidade de ser mãe. E eu pensava:

'– Deus, como você tira isso de mim? Eu não lhe pedi nada, eu só quis amar; só ser mãe... Como Você me tira o meu filho... o meu amado filho? Como esse Deus poderia permitir que tantos que amaram o meu filho chorassem lágrimas tão amargas como gotas de sangue?'.

E, ainda antes da ressurreição, eu chorava desesperada, envolvida no maior sofrimento. Sofrimento esse que só as mães que perderam um filho podem conhecer.

Outras mães não sabem o que é não ter mais a presença do filho, mais um sorriso de um filho, mais o olhar de um filho.

O maior sacrifício é alguém perder um filho.

E todos os dias passaram então a ser noite. E todas as noites passaram a não ter estrelas. E as madrugadas se tornaram mais frias, e os dias sem cor.

Até que um Anjo, o mesmo que anunciou a chegada dele, apareceu na minha frente e perguntou-me:

'– Por que choras, Maria?'.

E eu disse: '– Você me tirou o meu filho! Como aquele que o mandou pode fazer tamanho sofrimento? Eu sei da minha dor. Por quê?.

Eu me sinto tão pecadora como o pior dos pecadores. Eu me sinto a pedra mais pesada do que todas as pedras. Eu me sinto a mais indecente poeira. Eu me sinto o mais inferior dos inferiores seres...'.

E Ele me disse:

'– Desperta, Maria!

Desperta, porque sua presença será associada à energia do próprio Deus Criador. E serás conhecida como a Mãe do Filho de Deus.

Desperta dos teus enganos. Abre os olhos, Maria. Abre os olhos para a tua luz espiritual'.

E eu disse:

'– Que luz, se eu me vejo só cercada de trevas? Que caminho, se eu não tenho mais as mãos dele para me guiar? Que vida, se eu me sinto morta?'.

E, nesse momento, aquele Anjo tocou o meu coração. E eu senti que dele foi tirado um espinho, tão grande quanto uma espada. E aquela torrente de sofrimento jorrou de mim como sangue, esvaziando a minha dor. E assim, os meus olhos foram abertos. E, na minha frente, estava Ele. E eu não me senti mais mãe, porque ele era meu Pai, meu Irmão, meu Filho, meu Deus... Jesus!

E toda a tristeza se acabou quando as doces mãos daquele que eu pensei ser meu na carne, mostrou-se ser meu no espírito.

E eu vi que não possuía nada e ao mesmo tempo tinha tudo.

E posso lhes dizer que vocês são meus porque os amo.

Enquanto houver entre os homens um que ame a Deus, ali, naquele coração se manifestará a Presença Crística.

Eu quero afirmar a vocês, que ainda duvidam da nossa presença:

Lembrem-se, por favor, que fomos homens. As instituições nos chamam de santos, tornando-nos intocáveis. Mas nós estamos próximos, porque nós somos homens.

E quando choram as suas dores, e quando cantam as suas aflições, procurem lembrar da minha dor! Do meu coração lancetado, e da minha libertação. Porque foi nesse momento que eu me tornei Mãe Maria.

Eu sou Maria e humildemente deixo a vocês as minhas bênçãos, o meu amor e a minha Luz, dizendo a vocês meus filhos: despertem para o natal em suas vidas.

Despertem para o nascimento desse que hoje é meu pai, meu irmão, meu amigo, meu filho. Permitam que ele nasça no coração de vocês.

E em cada passo quando crescer, sintam e vejam a presença desse Menino se tornando Homem em cada um de vocês.

Porque aquele que me ensinou, ama.

Por isso não pedimos adorações e altares. Nós sempre quisemos ser seus irmãos, quisemos ser próximos, mãos quentes, carinho, afeição, segurança, amor.

Eu estendo o meu manto e derramo as minhas bênçãos sobre cada um de vocês.

Maria... a serviço da Chama Rubi. A serviço daquele que me ensinou a ser mãe e também a ser filha.

Amem..."

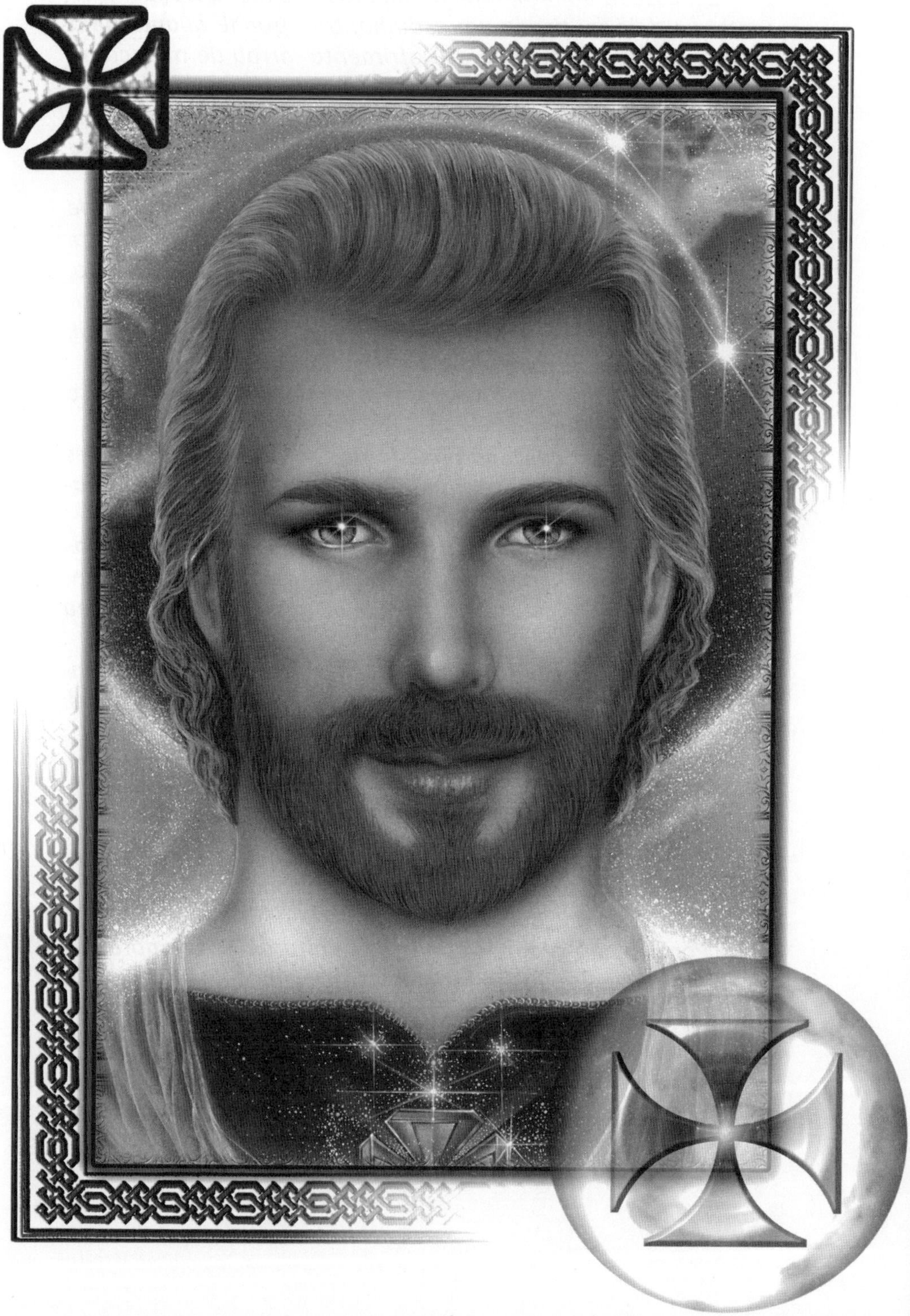

CAPÍTULO 15

A Vida de Mestre Saint Germain

Mensagem recebida em 16 de dezembro de 1999

"*Fui conhecido como Saint Germain, mas vivi como Pai de Jesus.*

Não vi o meu filho crescer. Não tive a oportunidade e talvez tenha sido eu poupado dos sofrimentos humanos, que poderiam a mim advir. Fui escolhido pelos planos superiores de luz como Pai, porque eu era honesto. Porque eu era apenas o que eu exijo de vocês. Exijo, porque eu sei que vocês são capazes de ser: bons seres humanos.

Vejam que eu não peço a vocês que não errem, que sejam perfeitos, porque seres humanos, os bons seres humanos, erram.

Eu fui Pai e o meu único merecimento era amar, era respeitar o próximo, era compreender as falhas alheias e, ainda assim, perdoá-las.

Não cobre de você mesmo a perfeição. Porque eu, responsável pelo crescimento espiritual de todos os que buscam a Fraternidade Branca, conheço suas capacidades.

Não falaremos de naves espaciais, de discos voadores, porque tudo isso é utilizado como fuga. Queremos aqui que vocês sejam bons seres humanos... Apenas isso.

Meus filhos, compreendam que a ascensão de todo esse planeta depende do trabalho de cada um de vocês; da dinâmica do autoconhecimento de cada um de vocês.

Se a Terra hoje estivesse povoada de bons seres humanos, este seria também um bom planeta, uma boa nave, uma boa consciência de luz e uma vida de oportunidades.

Aproveitem a mudança do milênio para repensarem os seus valores.

Para adotarem as suas famílias abandonadas; para voltarem ao lar.

Libertem-se, sim, das escravidões, dos apegos, das manipulações, porque isso não faz parte da sua natureza humana; isso não faz parte da sua consciência crística.

Vim aqui como Pai, apenas porque fui um bom homem.

Não pensem que naquela ocasião eu tinha consciência da minha luz, porque não tinha.

Eu era um habilidoso artífice e, assim como moldei portas, moldei o meu coração, enriqueci o meu caráter e aprendi a conduzir-me na vida.

Não sei nem dizer se fui o pai que esse menino Deus merecia.

Eu sei apenas dizer a vocês que fui um bom ser humano.

E é para isso que quero chamar vocês: acordem para a sua boa humanidade...E não tripudiem e não mintam para vocês mesmos, porque a nós ninguém engana.

Não se desfaçam da sua consciência crística. Amem ao seu Deus Interno. Acordem para a sua verdadeira Luz.

Tenham fé.

Deixo as minhas bênçãos e a minha Luz.

Eu sou Saint Germain, e falo como irmão, como pai, como amigo:

Amem, amem... E amem!"

A Chama Violeta – Sétimo Raio

O Poder da Transformação

Mestre: Saint Germain, Kuan Yin (Deusa da Misericórdia), Portia
Características: Era da Liberdade, transmutação, purificação
Elohim: Arcturus/Diana
Arcanjo: Ezequiel/Ametista
Características: Desembaraça as situações trazendo alívio e libertação
Local: Palácio de Saint Germain e seu jardim simétrico
Energia desta Chama: Liberdade pela Ascensão. Constância dos apelos farão a libertação

O Sétimo Raio está associado ao Sábado, trabalha a transformação da energia e a libertação. A Chama Violeta é uma das mais conhecidas energias da atualidade. Muito se tem falado de Saint Germain e de sua nova era. Muitos grupos se reúnem em seu nome para praticar a cura pela Chama Violeta. Este raio de luz atua fortemente no nosso corpo sutil. Assim, devemos compreender que as invocações que as pessoas fazem não são apenas preces direcionadas ao nível mental, mas visualizações que nos conectam a um plano no qual temos total atuação quando temos também, em igual condição, a necessária fé. Sim, porque, para curar, para atuar neste plano sutil, é preciso que acreditemos no que estamos fazendo. Já vi muitas pessoas decorarem orações, que repetem incansavelmente, mas que não absorvem em seu interior a sua potencia espiritual, assim a atuação da Chama Violeta fica restrita à nossa capacidade de acreditar...

Outro aspecto interessante que desejo aqui salientar é a importância do amor aliado a esta energia de transformação: é preciso acreditar que somos amados como filhos para entrar em contato com esta energia que os mestres da Fraternidade Branca nos enviam. Isto funciona como se abríssemos uma porta em nosso universo pessoal, por onde as energias de luz podem entrar, pois muita gente, apesar dos seus apelos para a transformação da Chama Violeta, tem um enorme medo das alterações que esta transformação pode trazer para suas vidas... Nem sempre modificar alguma coisa é fácil, pois transformar quer dizer mudar, e para mudar será preciso que nosso eu inferior deixe de dirigir a nossa vida.

Durante muitos anos em minha vida quis transformar um relacionamento, porém não queria abrir mão do meu ponto de vista, pois acreditava estar certa, assim, nada acontecia. Não adiantava rezar, porque as coisas continuavam exatamente onde sempre estiveram, já que eu não aceitava mudar minha maneira de agir e nem mesmo de pensar. Eu queria que Deus atuasse da forma que eu achava correta, e não entregava nada nas mãos do divino. Eu continuava infeliz, desejando consertar a pessoa que vivia comigo, sem observar que eu mesma estava atrelada ao inferno de minhas crenças. Hoje, logo no primeiro encontro com pessoas que passam pelo atendimento no Alpha Lux, explico algo que aprendi com a Chama Violeta e que considero precioso: "Você não muda ninguém. Você só será capaz de mudar a si mesmo!".

Porém, afirmo a seguir que, assim que alguém muda sua conduta, e sua maneira de enfrentar os muitos desafios da vida, automaticamente esta pessoa estará modificando tudo à sua volta, inclusive sua relação com as outras pessoas. Temos, ao contrário do que pensamos, o poder de transmutação divino em nossas mãos quando abrimos mão da condução do nosso ego inferior. Vibrar na Chama Violeta é desprender-se das amarras da limitação. Mas, para isso é preciso muita coragem, muita fé e muita luz. Não somos nós que conduzimos este jogo da Chama Violeta e sim nosso Cristo interno.

Muitas pessoas que me procuram, desejosas de resolver seus relacionamentos, sentem-se vítimas do destino infeliz, sentem-se vítimas dos pais, dos maridos, dos filhos, da falta de oportunidades financeiras compensadoras; mas, dificilmente encaram sua participação neste mundo que as cerca. Explico sempre o que os Mestres têm me ensinado ao longo desses anos de contato: que temos responsabilidade sobre tudo a nossa volta. Mesmo que não tenhamos consciência dos fatos, estamos constantemente fazendo novas escolhas... Até o ato de não agir é uma escolha, pois se você fizer isso, outra pessoa fará a escolha no seu lugar. Para mudar radicalmente algo que não vai bem em sua vida, é preciso ter coragem de abrir mão do controle sobre ela. É preciso deixar fluir.

Meu querido amigo leitor, sei que é difícil este tipo de ação, mas também sei que funciona. Você pode, no caso de uma ofensa, por exemplo, resolver que não vai trazer aquela agressão para dentro de si. Você pode escolher pensar que a pessoa que lhe fez a agressão estava num mau dia. Você sempre pode procurar uma visão positiva de tudo à sua volta.

A Chama Violeta não é uma arma, mas um remédio para sua consciência. Quando utilizamos sua energia para limpeza do ambiente, não estamos destruindo os miasmas espalhados à nossa volta. Estamos, de fato, nos transportando para uma frequência vibratória de tanta luz, de tanta harmonia, onde simplesmente essas energias não atuam. Imagine o corpo humano. É a mesma coisa que acontece no espírito: dentro de nós temos uma infinita população de microorganismos que, se estamos saudáveis, atuam limpando nosso corpo de impurezas, fazendo cada um a sua função, mas, a partir do momento em que baixamos a nossa vibração espiritual e entramos em contato com as sombras, pode acontecer de causarmos uma profunda confusão dentro de nós, e assim a energia, antes em equilíbrio, pode começar a nos fazer mal. Devemos lembrar que as doenças são causadas de dentro para fora, afinal não é o ambiente externo, ou os fatos externos que nos adoecem, e sim a maneira pela qual recebemos essas informações dentro de nós.

A Chama Violeta é, assim, a chama da consciência espiritual e a porta de entrada para sua libertação...

Mensagem enviada por Mestre Saint Germain: A consciência da Chama Violeta!

"Trabalhar a serviço da Grande Fraternidade Branca, acima de um nobre dever, é uma grande honra. E é isso que eu espero daqueles que comigo estão para desenvolver a vontade divina e superior do nosso Pai, do nosso Sol central, da energia de luz e da grande ascensão planetária, comprometimento e honra.

Eu, Saint Germain, trabalho a serviço do bem maior, da alegria maior, da constatação maior do bem e da felicidade dentro de cada um de vocês. Por isso, comemorem a vida a cada dia, a cada nascimento, a cada despertar do sol, como uma grande oportunidade de fazer feliz a si mesmos e aos outros, de fazer feliz a cada instância do seu próprio ser.

Junto à Chama Violeta não há limitação, não há preocupações, não há impedimentos.

Haverá a prosperidade, a manifestação da saúde, o regozijo, o despertar espiritual – porque é Lei.

Saúdo aqueles que me servem com a mesma humildade que saudaria o próprio Deus, pois cada um de vocês deveria ser Deus. E que sejam, então, daqui para a frente, a manifestação da divina presença 'Eu Sou'.

Derramo minhas Bênçãos, minha Graça e minha Luz.

Recebam.

Saint Germain."

Muitas pessoas se assustam com a simples menção da palavra libertação e simplesmente não acreditam em prosperidade, apesar de ser tudo o que desejam. Isto acontece porque o pensamento limitado quer sempre direcionar para onde devemos ir e por onde poderiam vir as ondas de libertação. Aquele que está sofrendo por condições financeiras desfavoráveis pode até jogar na loteria, mas simplesmente não consegue ver uma outra forma, além desse jogo humano, para o divino agir em libertação de sua penúria. É claro que ninguém gosta de ser pobre ou de viver na limitação, mas é certo também que dinheiro não é sinônimo de realizações e de alegrias.

Muitas vezes, se fizermos um exercício sincero de abertura de nossa mente, poderemos perceber que temos tudo para sermos felizes, vivendo exatamente com as oportunidades que estão à nossa volta. Infelizmente, se hoje enfrentamos alguma dificuldade, temos a ela associado um aprendizado importante.

Tenho visto que na mente divina não há limitação. Claro que existe um aprendizado em cada situação de nossa vida, mas o divino não se alegra com a nossa desgraça, e não há neste universo de luz, onde vibram os ensinamentos da Fraternidade Branca, uma lei que seja maior que o perdão divino. Porém, para entrarmos em sintonia com este perdão, que nos liberta das ações negativas do nosso passado cármico, temos de estar em sintonia com esta vibração de perdão.

Explico sempre, também, para meus amigos, aquilo que os Mestres sempre repetem em orientações pelo meu trabalho com Vidas Passadas: "Peça a Deus a sua graça e não a justiça".

Aprendi com meus queridos professores do astral que quando pedimos que seja feita justiça, estamos entrando em sintonia de uma lei de cobrança e punição. Se acaso perdoarmos e libertarmos aqueles que estão atrelados à nossa energia pela ação da Chama Violeta, estamos também nos libertando das penitências que nos autoimpusemos com essa convivência. O ato de você libertar alguém ou alguma coisa, liberta você mesmo de experiências tristes e limitadoras atreladas a essa experiência.

Mensagem enviada pelo Elohin Arcturus: Não crie limitações para a ação do Divino.

"Quando o homem quis a perfeição, quando o homem quis estudar e colocar a essência divina num tubo de ensaio, ou mapear a condição desse Deus de nos ajudar, de nos fazer crescer, esse homem tentou limitar o que é ilimitado, esse homem tentou justificar aquilo que não se justifica, esse homem tentou diminuir a capacidade divina.

Eu venho lhes dizer desse Deus, que transforma as vidas; desse Deus que pode dar a sua graça, independentemente daquilo que vocês tenham feito.

Eu venho lhes dizer desse Deus, que pode conceder aquilo que vocês desejarem, sem que necessariamente vocês o mereçam. Merecimento e graça não caminham juntos. A graça é divina e o merecimento é um esforço humano de se fazer digno, de se fazer responsável.

Porém, nesse anseio de suas almas, de melhorar, de aprender, de transcender as suas falhas e as suas limitações, este homem muitas vezes se escraviza, tentando diminuir a sua dor e fazer-se perfeito.

Nós não cobramos de vocês a perfeição. Nós, um dia, fomos humanos. E, por termos sido humanos, sabemos que a beleza de um céu se faz pela existência das nuvens.

Compreendam que despertos estarão para esse momento de transformação planetária aqueles que estiverem dispostos a abrir mão dos seus julgamentos.

Eu sirvo à Chama Violeta e venho lhes falar da capacidade, da possibilidade de transformar as suas atitudes por meio dessa consciência de luz.

~~~~~~~~~~~~

Devo fazer uma confissão, no meu caso não foi assim tão fácil entender essa história de graça e de merecimento. Fomos ensinados desde crianças que temos que fazer o melhor de nós, e para muitas pessoas fazer o melhor acaba tornando-se uma espécie de limitação. Somos tão exigentes para conosco que não aceitamos nossas falhas e, por não aceitarmos nossas falhas, criamos à nossa volta um universo de limitações. Por exemplo: conheço muita gente com aptidões artísticas que por medo de não se sair bem em suas carreiras simplesmente abandonaram o sonho de ser artistas. Quando comecei a conhecer melhor os Mestres da Fraternidade, comecei também entender o que eles chamam de libertação.

A libertação que eles associam a deixar fluir é permitir que as coisas aconteçam, mesmo que tenham algumas imperfeições. Como este ser de luz explica no texto acima, são das imperfeições que aparecem a beleza e a alegria.

Quem foi que disse que precisamos ser perfeitos para merecermos o amor?

Sei que muitos de nós não se acha merecedor do amor e que, justamente por ver a si mesmo como um ser limitado e sem brilho, deixa de fazer aquilo que sua alma nasceu para realizar.

Sempre em meus livros falo da minha experiência, porque acho importante partilhar o meu aprendizado com aqueles que estão comigo, participando desta vida... Descobri que eu era uma pessoa aprisionada ao perfeccionismo, e que justamente por isso tinha medo de fazer alguma coisa maior. Quando me deparei com o meu primeiro livro, fiquei com muito medo do que as pessoas iriam pensar, mas os mentores espirituais foram tão amorosos comigo, que enfrentei minhas próprias crenças limitantes e procurei um caminho para a publicação do livro *Os filhos de Órion*. O que aconteceu a seguir foi um enorme sucesso na minha vida. O livro não se tornou um *best seller*, mas passei a acreditar nas minhas potencialidades e isto foi uma grande transformação: foi a ação da Chama Violeta na minha vida.

~~~~~~~~~~~~

Mensagem enviada pelo Arcanjo Ezequiel: De asas à sua imaginação!

"*As asas da imaginação são púrpuras, como púrpura é a minha luz.*

Eu sou Ezequiel. Quero trazer a vocês a capacidade de transformar os seus sentimentos. A Chama Violeta trabalha na transformação dos sentimentos.

Vocês desejam se libertar de um carma? Libertem-se, então, dos sentimentos que os aprisionam às ações!

Encantados vocês estão, pensando, apenas, em se libertar de suas ações, pensando: '— Não mais farei mal'.

'Não mais apontarei as falhas alheias!'

'Não mais julgarei os meus irmãos!'

Isto é certo, porém, é o caminho mais longo. Quero lhes ensinar o poder, a força da Chama Violeta, dizendo a vocês: Libertem, transmutem o sentimento!

Quando alguém lhes ofender, não bastará oferecer a outra face e manter o coração maculado pela raiva, pelo ódio, pelo sentimento. Recusem-se a se sentir ofendidos. Recusem aquele sentimento negativo, que nasce no fundo de suas almas. Quando isso acontecer, entendam que é uma oportunidade maravilhosa de crescer, de criar as asas cor púrpura da libertação.

Nós acreditamos em vocês. Nós acreditamos na capacidade divina de cada um de vocês. Nós acreditamos no poder de contemplação de cada um de vocês. Nós acreditamos que os seus dentes não foram feitos para mastigar a carne, nem comer a violência. Nós acreditamos que as suas línguas não foram feitas para maldizerem o seu corpo, nem se privar do alimento, nem xingar o próximo. Nós acreditamos na doçura dos seus olhos, na brandura dos seus ouvidos e na integridade do seu coração. Nós acreditamos na sua alma.

Criem a capacidade de voar para o divino.

Utilizem as asas púrpura da Chama Violeta e chamem por mim.

Eu os protegerei. E eu os amarei. Arcanjo Ezequiel".

Uma das coisas que mais me chamou a atenção quando entrei em contato com a Fraternidade Branca foi o fato desses seres de luz enxergarem melhor que nós a nossa própria luz. Eles sempre estão nos incentivando a crescer, a melhorar, a ver o mundo como uma página em branco, na qual poderemos deixar impressos nossos sonhos.

Outro fato bastante importante constatei no meu trabalho individual em Vidas Passadas, quando os mentores simplesmente apontavam as lições que meu cliente deveria ter de sua experiência numa vida anterior, mas jamais trabalhavam com a culpa. Sempre que alguém vem me procurar para saber do seu passado, tem um certo medo de se deparar com suas histórias, e o raciocínio até me parece lógico, pois se hoje estamos infelizes com certeza um dia plantamos esse sofrimento.

A função do carma é exatamente esta, trazer para nós o fruto das nossas ações...Porém, os Mestres da Fraternidade Branca nos ensinam que não há maldade, há ignorância. Eles sempre explicam que as pessoas com uma consciência espiritual mais desenvolvida não fazem o mal, somente aqueles que não têm esta consciência erram... Assim fica muito mais fácil de alcançarmos o perdão. A Chama Violeta traz este tipo de energia para a nossa vida: a consciência e a libertação.

Leitura Recomendada

11:11
A Abertura dos Portais

Solara

"11:11 é um gatilho pré-codificado colocado dentro de nossos bancos celulares de memória antes da nossa descida à matéria..." É assim que começa este livro. Mas o que é o 11:11? O que existe por trás dessa expressão, numericamente tão simples, para originar um volume de tal porte? Se tentarmos discorrer sobre o tema nestas poucas linhas, sequer conseguiremos esboçar um vislumbre do que seja.

2012 - A Era de Ouro
Olhos Eternos

C. Torres e S. Zanquim

Estamos vivendo uma época nunca antes vista ou imaginada pelo homem. Estamos em meio a uma fabulosa Transformação Cósmica. Muito se fala sobre a Nova Era ou "New Age", mas pouco se sabe sobre o seu verdadeiro significado. A Nova Era é a etapa de um novo Ciclo Universal e eterno. Esse novo ciclo está começando, e suas transformações já se fazem presentes. Um ciclo que se intensificará cada vez mais, chegando ao seu ápice no ano de 2012.

Bruxaria Noturna
Magia Depois que o Sol se Põe

Konstantinos

É possível que você seja um ser noturno, alguém que prefere os mistérios da noite às energias hécticas do dia. Se você é um filho da noite, sabe que a escuridão não é "má". No entanto, muitos bruxos modernos têm ignorado a importância e o poder da noite, buscando afastar-se de estereótipos negativos.

www.madras.com.br

Leitura Recomendada

O Código Maia
a aceleração do tempo e o despertar da mente mundial

Barbara Hand Clow

O Código Maia é uma profunda investigação sobre como o tempo e a consciência estão acelerando, oferecendo-nos uma nova compreensão a respeito do Universo, conforme nos aproximamos do fim do Calendário Maia. Valendo-se da pesquisa de Carl Johan Calleman, assim como das ideias de outros estudiosos do Calendário Maia, Barbara Hand Clow examina 16,4 bilhões de anos de evolução para decifrar os padrões criadores da Terra – a Mente Mundial.

Os Filhos de Órion
A Chegada da Hirarquia da Luz

Maria Silvia P. Orlovas

A autora, por meio do seu desenvolvimento pessoal, canaliza mensagens de consciência luminosas, de Seres de Luz que se encontram em várias dimensões, no astral do planeta Terra. Em 27 capítulos belíssimos, que despertarão em você o Amor em sua infinita grandeza e pureza.

Transformação com a Chama Violeta
Meditação, Orientação, Mantras, Rituais e Mensagens

Maria Silvia Orlovas

Em Transformação com a Chama Violeta, o leitor encontrará diversas mensagens e orientações que o ajudarão a colocar em ação o poder da Chama Violeta em seu dia-a-dia, que é o de transmutar e libertar. Também há vários rituais, mantras, meditações e orientações que a autora recebeu ou desenvolveu durante todos esses anos em que serviu aos Mestres Ascencionados da Fraternidade Branca, bem como traz os Sete Raios e suas atribuições.

www.madras.com.br

MADRAS® Editora — CADASTRO/MALA DIRETA

Envie este cadastro preenchido e passará a receber informações dos nossos lançamentos, nas áreas que determinar.

Nome _____
RG _____ CPF _____
Endereço Residencial _____
Bairro _____ Cidade _____ Estado ____
CEP _____ Fone _____
E-mail _____
Sexo ❏ Fem. ❏ Masc.   Nascimento _____
Profissão _____ Escolaridade (Nível/Curso) _____

Você compra livros:
❏ livrarias   ❏ feiras   ❏ telefone   ❏ Sedex livro (reembolso postal mais rápido)
❏ outros: _____

Quais os tipos de literatura que você lê:
❏ Jurídicos   ❏ Pedagogia   ❏ Business   ❏ Romances/espíritas
❏ Esoterismo ❏ Psicologia ❏ Saúde   ❏ Espíritas/doutrinas
❏ Bruxaria   ❏ Autoajuda   ❏ Maçonaria ❏ Outros:

Qual a sua opinião a respeito desta obra? _____
_____

Indique amigos que gostariam de receber MALA DIRETA:
Nome _____
Endereço Residencial _____
Bairro _____ Cidade _____ CEP _____

Nome do livro adquirido: ***Os Sete Mestres***

Para receber catálogos, lista de preços e outras informações, escreva para:

MADRAS EDITORA LTDA.
Rua Paulo Gonçalves, 88 – Santana – 02403-020 – São Paulo/SP
Caixa Postal 12183 – CEP 02013-970 – SP
Tel.: (11) 2281-5555 – Fax.:(11) 2959-3090
www.madras.com.br

MADRAS® Editora

Para mais informações sobre a Madras Editora,
sua história no mercado editorial
e seu catálogo de títulos publicados:

Entre e cadastre-se no site:

www.madras.com.br

Para mensagens, parcerias, sugestões e dúvidas, mande-nos um e-mail:

marketing@madras.com.br

SAIBA MAIS

Saiba mais sobre nossos lançamentos,
autores e eventos seguindo-nos no facebook e twitter:

@madrased

/madraseditora